BLUMOCK

Version Francaise : CHPOT!
Maquette : Cécile Chemel


Couvent Sainte-Cécile, 37 rue Servan 38000 Grenoble

Dépôt légal : octobre 2015

Imprimé en Asie

# Les Minions

## LE GRAND LIVRE

Glénat jeunesse

# Sommaire :

**Ce grand livre regorge de Minions, de dinosaures, de plans crapuleux, de vampires, de bijoux, de pirates, de têtes couronnées, d'Égyptiens, d'un yéti, de bananes et...**

**ATTENTION :** le contenu de ce livre est très addictif !

# BELLO!

TU TIENS DANS TES MAINS LE GUIDE ULTIME DES MINIONS LES PLUS INTELLIGENTS, LES PLUS MALICIEUX, LES PLUS ACCIDENTO-GÈNES, LES PLUS LOYAUX ET LES PLUS FANATIQUES DE BANANES DE TOUS LES TEMPS. CONTINUE À LIRE SI TU VEUX APPRENDRE À SURVIVRE AUX PÉRIODES LES PLUS DANGEREUSES DE L'HISTOIRE, SANS TE SOUCIER DU NOMBRE DE MAÎTRES DU MAL QUE TU POURRAS PERDRE !

**CHERCHE LA BANANE CACHÉE SUR CHAQUE PAGE.**

# L'AVENTURE DE TOUTE UNE VIE

**Es-tu prêt pour l'aventure de toute une vie ? Veux-tu savoir comment les Minions ont évolué à travers les âges, pour servir les maîtres les plus méprisables de toute l'histoire ?**

Tu auras besoin d'un guide pour te montrer ce qui est bon - ou mauvais ! Ces trois lascars jaunes peuvent sembler mignons et câlins, mais ils savent ce que chaque maître méprisable recherche, l'aventure sera garantie de bout en bout !

Dessine des images de tous les goûters et sucreries que tu emporterais dans ta boîte à déjeuner pour l'aventure de ta vie !

Bob, Kevin et Stuart aimeraient partager leur voyage pour trouver un nouveau maître méprisable à servir avec toi. Fais ton sac, que la recherche commence !

BOB KEVIN STUART

# REJOINS LA TRIBU

**Il est temps de révéler le jaune qui est en toi. Dessine-toi comme si tu étais un Minion ! Choisis tes cheveux, colorie-toi en jaune et ajoute un motif sur ta salopette. Ensuite, remplis toutes tes informations de Minion.**

Dessine des cheveux "originaux" pour t'aider à te démarquer. Rappelle-toi que tu es unique chez les **MINION !**

Les Minions peuvent avoir beaucoup de noms que tu peux choisir : **Dave, Carl, Norbert, Kevin . . .**

Écris ici quelque chose sur toi si tu étais un Minion.

**DESCRIPTION**

Chaque Minion de la tribu a un talent spécial, l'entraînement de phoque ou jouer au ping pong en solo ! Quel est le tien ?

**TALENT SPÉCIAL**

# PARTIE I
# LES MINIONS :
## L'HISTOIRE DU FILM

**Les Minions vivent sur Terre depuis le début des temps. Ils ont tous le même objectif : servir le maître le plus moche et le plus méchant qu'il soit.**

Garder un maître n'a jamais été facile. Tout d'abord, chaque maître se faisait remplacer, ou était mangé par un boss plus grand et plus méchant.

Quand ils quittèrent finalement la mer, les Minions trouvèrent le T-Rex géant. Ce fut le coup de foudre… jusqu'à ce qu'ils poussent accidentellement le T. rex dans un volcan !

**Oups !**

Durant l'Âge de Pierre, l'humanité a émergé. Les Minions ont tout de suite adoré l'Homme et ils voulurent également le servir. Quand un ours vint vers lui, ils donnèrent à l'homme une tapette à mouche pour le stopper.

Cela paraissait une bonne idée, mais ce ne fut pas le cas. L'ours remporta le combat.

Par la suite, les Minions trouvèrent un pharaon en Égypte antique qui demanda aux Minions de construire sa pyramide. Mais les Minions la construisirent à l'envers. Elle tomba, écrasant complètement leur maître.

Mais les Minions n'abandonnèrent pas.

Ils trouvèrent un autre maître dans les Âges Sombres : Dracula.

Qui aurait pu savoir que s'ils ouvraient les rideaux, la lumière du soleil le transformerait alors en poussière ?!

Puis, les Minions furent à deux doigts de tuer Napoléon à cause d'un coup de canon mal ciblé. Son armée poursuivit les Minions sur des milliers de kilomètres.

Ils trouvèrent finalement refuge dans une grotte. Ils y forgèrent leur propre civilisation.

Au début, c'était amusant. Mais sans chef à servir, les Minions n'avaient pas de but.

Mais tout n'a pas été perdu. Un des Minions avait de l'espoir.

**Son nom . . .**

## . . . était Kevin.

Kevin révéla son grand plan à ses copains. Il voulait quitter la grotte et trouver le plus grand et le plus terrible des méchants que les Minions pourraient servir. Mais il avait besoin d'aide.

« Moi venir ! », hurla Bob.

Kevin regarda Bob. C'était le plus petit des Minions et Kevin craignait que Bob ne soit pas assez fort pour le voyage dangereux à venir.

Heureusement, un Minion à l'arrière souleva un ukulélé dans les airs. C'était un Minion à un seul œil et endormi nommé Stuart.

Stuart se leva, et rejoint Kevin sans vraiment savoir pourquoi tout le monde l'applaudissait.

Bob était la seule autre option de Kevin. « Ugh... » souffla Kevin, « Komay ».

Bob attrapa son ours en peluche, il était prêt à partir.

# LES MINIONS :
## L'HISTOIRE DU FILM

« Big boss ! Big boss ! », scandait la tribu quand Kevin, Stuart et Bob se dirigeaient vers la sortie de la grotte pour aller trouver leur nouveau boss !

Le voyage était dangereux. Ils parcoururent des montagnes, de denses forêts et durent pagayer dans un canoë à travers tout un océan.

Ils dormirent. Ils avaient faim, mais la nourriture était rare. Stuart avait tellement faim qu'il imagina que Bob et Kevin étaient des bananes et commença à les lécher ! Mais ils virent une belle femme au loin. Et elle était... verte

C'était la Statue de la Liberté. Kevin, Stuart et Bob avaient atteint New York en pleine gloire dans les années 1960.

En premier, ils avaient besoin de nouveaux vêtements et Kevin repéra quelque chose de parfait, en jean et bleu.

« Bueno ! », dit Stuart, en se tournant pour qu'il puisse voir son reflet dans la vitre. Son popotin avait l'air pas mal... vraiment pas mal

**Puis ils arpentèrent les rues, éclipsés par les bâtiments géants, par les stands de hot-dog et même par les bouches d'incendie. . . vraiment, partout.**

Bob fut distrait par une femme avec une robe à motif de banane, et la suivit dans un taxi. Stuart et Kevin recherchèrent leur ami perdu. Finalement, ils le remarquèrent entrant dans un magasin et le suivirent. Soudain, les lumières s'éteignirent. Les Minions traînèrent à l'intérieur et se rendirent compte qu'il était fermé. Ils allaient être coincés à l'intérieur pour la nuit.

Kevin trouva un grand lit avec une télévision en face de lui. Ils s'entassèrent et allumèrent la télévision.

Stuart agita l'antenne, quand soudain, un homme dans un costume noir apparut à l'écran. « Vous regardez la Chaîne top-secrète des méchants », dit-il, « Si vous le dites à quelqu'un, nous vous trouverons. »

Il y avait des images d'une convention géante avec pleins de méchants.

« La chaîne est sponsorisée par la Foire du Mal. Depuis 89 années, le rassemblement mondial des pires crapules, dit-il, avec en plus une apparition spéciale de la première super-méchante... Scarlet Overkill ! »

La silhouette d'une femme apparut à l'écran. Même son ombre semblait menaçante.

Ça y est... ils avaient enfin trouvé le maître qu'ils avaient toujours cherché.

« Rendez-vous à la Foire du Mal ce week-end. Au 545 Orange Grove Avenue, à Orlando, en Floride », déclara le présentateur.

Kevin se leva, sautant sur le lit. « La Foire du Mal ! Orlando ! La big boss ! »

# LES MINIONS :
## L'HISTOIRE DU FILM

**Kevin, Stuart, et Bob avaient besoin qu'on les emmène à Orlando, peu importe où pouvait bien se trouver cette ville. Alors qu'ils marchaient le long de la route en quittant la ville, Kevin ramassa un morceau de carton et écrivit Orlando dessus. Il ne fallut pas attendre longtemps avant de voir arriver une voiture vers lui en crissant des pneus pour s'arrêter.**

« Tous à bord du Nelson express ! », hurla l'homme à l'intérieur. Les Minions sautèrent dans la voiture pour se rendre à la Foire du Mal avec les Nelson, une charmante famille de criminels.

Après plusieurs heures de route, « nous y sommes », cria Walter, « la Foire du Mal ! »

Le Minions regardèrent par la fenêtre. La voiture roulait vers une salle de congrès souterraine.

« La Foire du Mal ! » Stuart cria. « La Foire du Mal ! »

L'endroit était immergé par une marée de méchants de toutes formes et de toutes tailles.

Kevin tira Stuart et Bob vers le hall. C'était le moment qu'ils avaient toujours attendu. La voix de Scarlet tonna : « N'est-ce pas merveilleux d'être méchant ? ». Puis, elle traversa l'écran et utilisa sa robe jetpack pour virevolter autour de la salle.

« Est-ce que l'un de vous n'a t-il jamais rêvé de travailler pour le plus grand super méchant de tous les temps ? Eh bien, si je vous dis que je suis à la recherche de nouveaux sbires ? »

Les Minions avaient l'impression qu'ils allaient exploser. Kevin n'en croyait pas ses oreilles. Vient-elle juste de dire qu'elle avait besoin de nouveaux sbires ?!

« Il suffit juste de prouver que vous êtes assez bon, continua Scarlet, vous avez juste à retirer ce rubis de ma main, et le travail est pour vous... »

Des centaines de méchants se précipitèrent vers Scarlet. Elle tournoya et les envoya voler au loin de la scène.

Kevin regarda le tas de sbires vaincus. Les Minions voulaient servir le meilleur et le plus méchant de tous les boss, mais ils voulaient rester intacts !

Juste à ce moment, Tim, l'ours en peluche de Bob, glissa de ses mains et fut expédié sur la scène et Kevin vit le rubis être jeté en l'air.

Lorsque Scarlet vainquit le dernier méchant, elle regarda autour d'elle. « Mon discours n'a inspiré personne, clama t-elle. Tant de méchants et j'ai toujours le... » Scarlet réalisa qu'elle n'avait plus le rubis. Au lieu de cela, elle tenait l'ours en peluche de Bob. « Qui a le rubis ?» cria-t-elle.

Bob toussa et cracha le rubis sur le sol.

Scarlet sourit. « Le poste est pourvu ! ». Elle embarqua Kevin, Stuart et Bob dans son jet rouge élégant et futuriste, et ils partirent.

# APPRENDRE À CONNAITRE
# KEVIN

**Ce Minion a un plan... celui de trouver un nouveau méchant maître que la tribu pourra servir.**

**NOM :** Kevin

**TRAITS DE CARACTÈRE :** le superbe « grand frère », fier, pas très bon en public

**MOMENTS CLÉS :**
Joue au polo en chevauchant un teckel
La découverte de la célèbre salopette bleue des Minions
Trouve le maître parfait pour les Minions

**AIME :** Protéger ses amis, passer du temps avec Stuart et Bob, les pistolets lampe à lave, les aventures épiques, voler dans le jet de Scarlet, les braquages, la Foire du mal, les poursuites de police, la famille Nelson

**N'AIME PAS :** Décevoir son Big Boss

Qu'aimes-tu le plus à propos de Kevin ?

______________________________________

Kevin utilise à nouveau sa caboche. Dessine sa prochaine grande idée dans la bulle.

**Meilleur photo :**

# Au Naturel

**Les Minions ont toujours servi les maîtres les plus moches et les plus moches qu'ils soient à travers les âges, y compris le T-Re qui errait dans le monde préhistorique en terrorisant les autres dinos et en jouant au méchant. Le maître vilain le plus parfait.**

## LE SAVAIS-TU ?

- Les premiers dinosaures vivaient sur Terre **il y a 230 millions d'années.** Ils ont régné sur Terre les **160 millions d'années qui ont suivi !**

- Les scientifiques pensent qu'il y avait au moins **1 500 espèces différentes de dinosaures.**

- Beaucoup des dinosaures les plus connus ne se sont jamais rencontrés parce qu'ils ont vécu au cours **de différentes époques.** Par exemple, un T-Rex n'aurait jamais pu se battre face à un Stégosaure car **environ 80 millions d'années les séparaient.**

- Le mot **« dinosaure »** signifie **« terrible lézard »** en grec.

# Comment s'habiller ?

**Il n'y a rien de plus naturel qu'une tenue faite de feuilles !**

Vêtements créés à partir de feuilles

Lianes pour tenir les feuilles en place

Des sangles de lunettes faites, tu l'auras deviné, de feuilles !

## PROFIL DU MAÎTRE : T-REX

**Le T-Rex était le maître du mal parfait. Il était méchant, avait un grondement impressionnant et était si grand que toute la tribu pouvait monter sur son dos.**

Les Minions pensaient qu'ils avaient gagné le jackpot des millénaires après avoir suivi le poisson maléfique. Mais les Minions trouvèrent son point faible. Le T-Rex ne pouvait pas supporter la chaleur d'un volcan en feu !

## PETIT QUIZ :

**1.** Les dinosaures ont régné sur Terre uniquement pendant 160 ans.

**Vrai** ou **Faux ?**

**2.** Que signifie *dinosaure* en grec ?
a. « Terrible chien »
b. « Terrible maître »
c. « Terrible lézard »

______________________________

**3.** Les scientifiques pensent qu'il a existé combien d'espèces de dinosaures ?

______________________________

RÉPONSES EN page 76

# Méli-Mélo de Minions

Quelle confusion ! Les Minions ont décidé de se cacher dans la forêt. Combien comptes-tu de Minions cachés dans les buissons ?

Il y a __________ Minions.

QU'AS-TU REMARQUÉ D'AUTRE CACHÉ DANS L'IMAGE ?

# Faux Rex

**Lorsque votre maître vient de la préhistoire, c'est un Minion qui doit prendre les initiatives... Regarde attentivement et entoure la paire qui n'est pas identique.**

RÉPONSES EN
page 76

# APPRENDRE À CONNAITRE
# STUART

**Il ne le savait pas, mais Stuart était né pour l'aventure ! Dieu merci, il avait fait sa sieste et devint volontaire pour rejoindre Kevin pour sa mission.**

**NOM :** Stuart

**TRAITS DE CARACTÈRE :** Cool, musicien, charmeur, affamé

**MOMENTS CLÉS :**
Tombe amoureux d'une borne à incendie jaune
Aime manger des bananes !
Fait du rock en face de Buckingham Palace

**AIME :** Jouer du ukulélé, les jacuzzis

**N'AIME PAS :** Les boules de neiges

Qu'aimes-tu le plus à propos de Stuart ?

________________________________________

Est-ce l'ombre de Stuart ou a t-il emmené un sosie dans ses voyages ?

**Meilleur photo :**

RÉPONSES EN
page 76

# CRO-MINION

**Les Minions ont adoré l'Âge de Pierre. Il y avait de superbes cavernes où habiter, de nouveaux outils passionnants et des accessoires intéressants. Leur nouveau maître humain était courageux... très courageux... parfois trop courageux aux dépens de sa propre vie. Les Minions apprirent cela brusquement lors d'un incident malheureux avec un ours et une tapette à mouche.**

## LE SAVAIS-TU ?

- L'ancêtre de l'homme, *l'Homo sapiens*, est apparu il y a environ **200 000 ans.**
- *Homo sapien* signifie **homme savant**.
- **Le chien** a été le premier animal à être **domestiqué**. On l'utilisait pour protéger les humains du danger, pour aider lors la chasse et pour offrir de la chaleur durant les nuits fraîches... c'est dégueux !
- Les premiers humains **peignaient les murs de leur foyer** avec des peintures à base de graisses animales et d'os écrasés.

# COMMENT S'HABILLER

**Les Minions prennent le style vestimentaire très au sérieux, et l'homme de Cro-Minion ne fait pas exception.**

Qui a dit qu'un outil ne peut pas être fait avec du bois ?

Fais des accessoires en os

Prends garde à bien assortir les couleurs de ta fourrure et de tes accessoires. Tu as le choix entre le marron, le marron et... euh... marron !

## PROFIL DU MAÎTRE : L'HOMME DES CAVERNES

**Lorsque les Minions ont rencontré l'homme, ils savaient qu'il n'allait pas se passer que de bonnes choses. Bien que l'homme était plus petit et plus poilu que le T-Rex, il était beaucoup plus intelligent. Malheureusement, l'homme primitif était apparemment un des plats favoris des ours.**

## PETIT QUIZ :

**1.** Les premiers humains ont dessiné des images sur les parois de leurs cavernes.

**Vrai** ou **Faux ?**

**2.** Contre quelle sorte d'animal l'homme des cavernes aimait-il se blottir ?

______________________________

**3.** Que signifie *Homo sapien* ?
a. « Homme dansant »
b. « Homme savant »
c. « Homme chassant »

______________________________

**RÉPONSES EN** page 76

# CRU-DOKU !

**Il est temps de tester ta jugeote préhistorique avec un Sudoku à la façon Cro-Minion. Remplis la grille de sorte que chaque ligne, chaque colonne et chaque groupe de carrés ne possède qu'un seul exemplaire de chaque image à l'intérieur. Copie les images de la case ci-dessous.**

**QUELLE IMAGE EST DANS LE CARRÉ JAUNE ?**

# CRO-MINION DANS LA PANADE

**Voici une caverne que nous avons faite plus tôt ! Ce Cro-Minion s'est occupé en décorant sa caverne avec toutes sortes de dessins, mais certaines des choses qu'il a gravées n'étaient pas encore présentes à l'époque de la Préhistoire.**

**Dessine des cercles autour des choses qui ne sont pas de l'époque de Cro-Minion !**

**RÉPONSES EN**
page 76

# APPRENDRE À CONNAITRE BOB

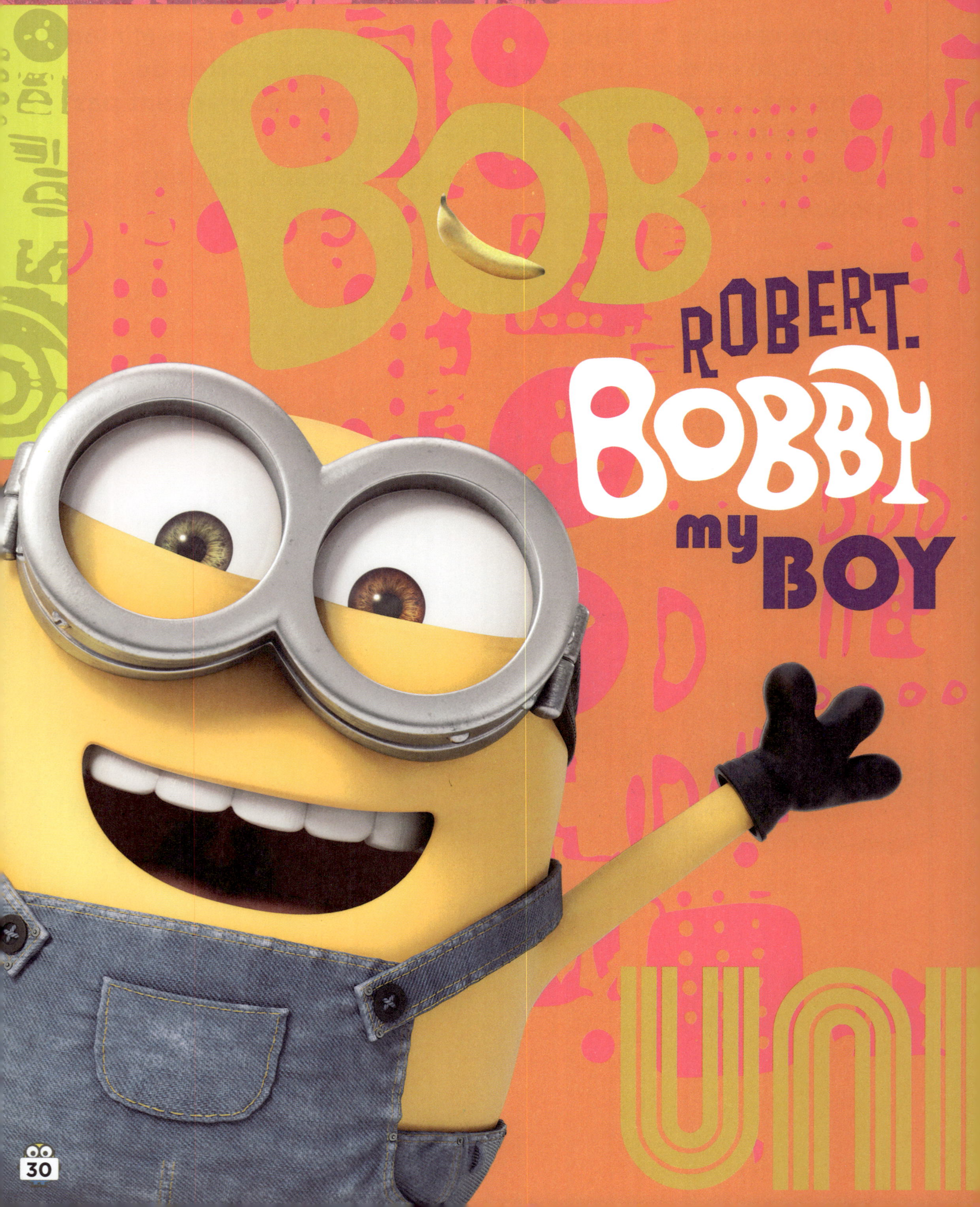

**Bob aime les aventures, explorer, se faire de nouveaux amis, et en fait, il aime tout ! C'est ce qui le rend si adorable.**

**NOM :** Bob

**TRAITS DE CARACTÈRE :** Toujours excité, loyal, tendre, « petit frère », adorable

**MOMENTS CLÉS :**
Fait danser sa peluche Tim lorsqu'on lui demande ses compétences de méchant à la Foire du Mal
Avale le rubis
Retire l'épée du bloc de pierre

**AIME :** Son ours Tim, pouffer de rire, jouer à cache-cache, se faire des amis

**N'AIME PAS :** Les abeilles, être loin de ses amis, perdre Tim

Qu'est-ce que tu aimes le plus à propos de Bob ?

_______________________________________________

**Meilleur photo :**

Combien de fois peux-tu voir le nom **TIM** dans la grille ci-dessous ?

| | | | |
|---|---|---|---|
| T | I | M | I |
| I | M | I | T |
| M | I | T | I |
| T | I | M | M |

RÉPONSES EN page 76

# L'ÉGYPTE

**L'Égypte antique était une nouvelle période très passionnante pour les Minions. Enfin des gens qui étaient aussi obsédés par leurs puissants maîtres que les Minions pouvaient l'être ! C'était l'endroit idéal pour eux ! On confia des tâches importantes aux Minions, comme épingler les plans dans le bon sens… Oh-oh !**

## LE SAVAIS-TU ?

- La plupart des pyramides égyptiennes antiques ont été construites pour servir de **tombeaux aux pharaons** (qui étaient les dirigeants de l'Égypte ancienne) et à leurs familles.
- Plus de **130 pyramides** ont été découvertes en Égypte.
- En Égypte, aussi bien les hommes que les femmes **se maquillaient.** En plus d'offrir une protection contre le soleil, les Égyptiens pensaient que le maquillage avait également des pouvoirs magiques de guérison.
- L'alphabet égyptien contenait plus de **700 symboles** appelés **hiéroglyphes**. Imagine d'avoir à apprendre plus de 700 lettres !

# COMMENT S'HABILLER :

**En Égypte antique, il faisait chaud, chaud, chaud ! Et ces petits bonhommes jaunes ont saisi cette chance pour rester cool et simples.**

Porte un pot même si tu n'en as pas besoin !

Les babouches à bout retroussé sont tellement authentiques

Une chouette sangle en cuir pour agrémenter parfaitement les lunettes des Minions

## PROFIL DU MAÎTRE : LE PHARAON

**Le maître pharaon des Minions semblait parfait. Il était sophistiqué, intelligent et avait une pyramide géante de construite pour s'assurer que l'on allait se rappeler de lui pour toujours.**

Une chose que leur pharaon n'avait pas prévue, c'est que les Minions allaient lire les plans à l'envers et le découvrir un peu trop tard - oups !

## PETIT QUIZ :

**1.** Pourquoi les anciens Égyptiens ont-ils construit des pyramides ?

____________________________________

**2.** Combien de symboles (hiéroglyphes) l'alphabet de l'Égypte antique avait t-il ?

a. Plus de 700
b. Plus de 100
c. Plus de 70

____________________________________

**3.** Seules les femmes de l'Égypte antique portaient du maquillage.

**Vrai** ou **Faux ?**

RÉPONSES EN page 76

## L'ÉGYPTE ANTIQUE

# DIFFÉRENCES

**Question :** Qu'est-ce qu'on obtient quand on prend quatre photos de trois Minions, mais qu'une seule est bonne ?

**Réponse :** Beaucoup de jaune antique et des rires !

Regarde l'image « a », puis compare-la aux images « b », « c » et « d ». Vois si tu peux trouver la petite différence dans chaque image. Trace un cercle autour et passe à l'image suivante. Alors tu rejoindras le rang des vrais observateurs !

a

b

c

d

# ARTE-CRACKS !

**Mettre des Minions avec des vases antiques se termine toujours de la même manière : des artefacts inestimables brisés ! Après un travail de réparation dans la précipitation, ce Minion est encore dans le pétrin. Aide-le à trouver les quatre pièces qui viendront compléter le vase avant que le pharaon ne le remarque !**

RÉPONSES EN
page 77

# CHAUVE-SOURIT !

**Lorsque les Minions rencontrèrent Dracula, ils se sentirent à l'aise. Son château en Transylvanie était simple mais confortable. Les Minions se mirent à travailler leur look pour le coordonner avec celui de leur nouveau maître. Dracula était un fêtard, mais seulement pendant la nuit ! Malheureusement, les Minions oublièrent cette règle d'or et... POUF !**

## LE SAVAIS-TU ?

- Dracula signifie **« fils du dragon ».**
- La Transylvanie est un endroit réel en **Roumanie.**
- Les vampires aiment **dormir toute la journée** et **rester éveillés toute la nuit.**
- Les vampires **ne peuvent pas être exposés à la lumière du soleil.**

# COMMENT S'HABILLER

**Les Minions ont vraiment adopté l'ambiance de la Transylvanie avec leur uniforme.**

Les cols créent un look effrayant

Les faux crocs mettent les Minions à l'aise

Une cape qui s'étend jusqu'au sol parce que ça fait très peur

## PROFIL DU MAÎTRE : DRACULA

**Les Minions ont adoré travailler pour Dracula. Il restait éveillé toute la nuit et dormait pendant la journée.**

Les Minions décidèrent de lui organiser une fête spéciale pour son 357e anniversaire. Mais quand ils ont tiré les rideaux pour lui montrer son gâteau, il se transforma en poussière !

## PETIT QUIZ :

**1.** Les vampires ne peuvent pas être exposés à la lumière des étoiles.

**Vrai** ou **Faux ?**

**2.** La Transylvanie se trouve dans quel pays actuel ?

______________________________

**3.** Dracula signifie « fils ______ »
a. De la chauve-souris
b. Du loup
c. Du dragon

______________________________

RÉPONSES EN
page 77

# BD TERRIFIANTE

**Sais-tu que Dracula est devenu célèbre parce qu'un livre a été écrit à son sujet ? Crée ta propre aventure Dracula, avec toi et les Minions dans les rôles principaux. Utilise les cases pour dessiner les parties les plus spectraculaires de ton histoire.**

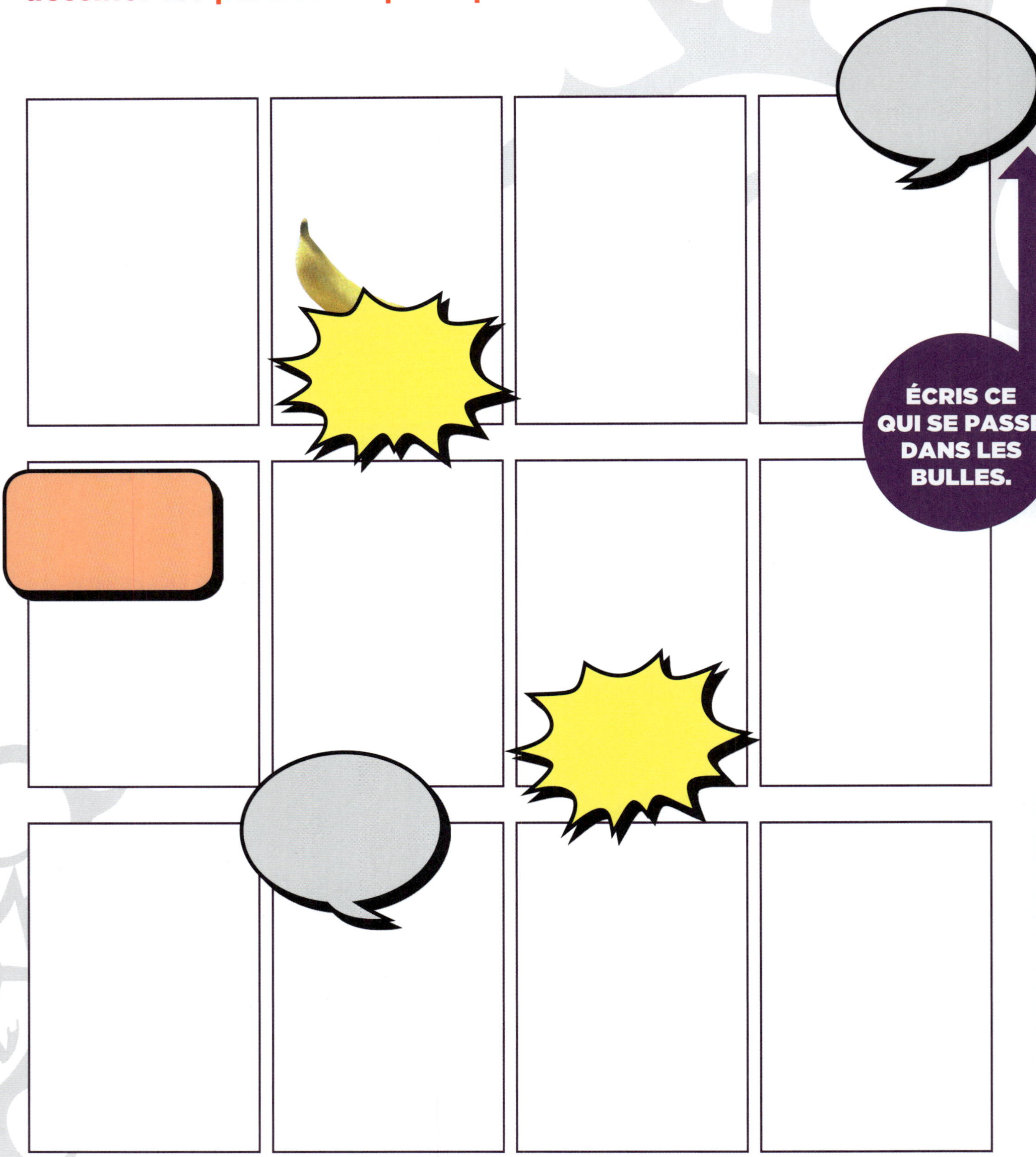

**ÉCRIS CE QUI SE PASSE DANS LES BULLES.**

# JEU D'OMBRES

**C'est effrayant toutes ces ombres partout ! Peux-tu garder toute ta tête et faire correspondre la bonne ombre sinistre à chaque image ?**

1

2

3

4

5

6

7

a

b

c

d

e

f

g

**QUELLE OMBRE NE CORRESPOND À AUCUNE IMAGE ?**

______________________

**ET POURQUOI ?**

______________________

______________________

**RÉPONSES EN** page 77

# A BORD, MATELOT

**Enfin, mes amis ! La vie en mer était un rêve maintenant devenu réalité pour les Minions : se mêler aux vieux loups de mer, rechercher des trésors et danser la gigue sur les chansons de pirates, que peut-il y avoir de mieux ? En plus, les tenues sont géniales ! Si seulement ils n'avaient pas été faire cette pêche...**

## le savais-tu ?

- Les pirates avaient beaucoup de **superstitions** et croyaient que se percer les oreilles permettait d'améliorer leur vision.
- Il y a environ 300 ans, des milliers de pirates naviguaient sur les mers et les océans pendant **« l'âge d'or de la piraterie ».**
- Les pirates les plus célèbres avaient de terrifiantes réputations. Ils l'entretenaient en arborant le **« Jolly Roger »**, ce drapeau avec une image de crâne et d'os.
- Les pirates utilisaient des **boussoles** et les **étoiles** pour naviguer avec leurs navires.

# Comment s'habiller

**Être le Minion d'un chef pirate nécessite une tenue sensée. Un Minion de pirate doit être prêt à faire des sauts périlleux d'une corde et à soulever un coffre plein de trésors à tout moment !**

TOUJOURS avoir une épée : plus elle est grande, mieux c'est

Ceinture en cuir extra-résistant

La règle pour les chapeaux, comme pour les épées, est de toujours voir grand !

## Profil du maître : le pirate

**Les Minions ont véritablement porté leur maître pirate dans leur cœur. Comme eux, on a du mal à le comprendre et il parle un langage presque aussi incompréhensible que le leur.**

Il est regrettable pour tout le monde que le requin ait pensé que le Capitaine pouvait être savoureux !

## PETIT QUIZ :

**1.** « L'âge d'or de la piraterie » a eu lieu il y a combien de temps ?

___

**2.** Les pirates pensaient que se percer les oreilles permettrait d'améliorer leur vision.

**Vrai** ou **Faux ?**

**3.** Qu'est-ce que les pirates utilisent pour orienter leurs navires ?
a. Des boussoles et des étoiles
b. La navigation par sattelite et les smartphones
c. Les Minions

___

**RÉPONSES EN** page 77

## SUR LA PLANCHE

# MOTS CACHES

**Prends tes lunettes et scrute la grille pour trouver les mots cachés en rapport avec la piraterie où tu devras subir le supplice de la planche...**

| | | | | | | | | | | | | | | | | | | | |
|---|---|---|---|---|---|---|---|---|---|---|---|---|---|---|---|---|---|---|---|
| K | F | A | Y | R | A | Z | C | D | V | T | O | R | R | A | P | Q | A | R | E |
| F | P | Z | Q | S | K | V | X | E | T | D | W | S | Q | V | Y | R | V | G | D |
| U | A | E | L | S | T | S | A | I | Y | P | I | R | A | T | E | S | H | I | P |
| M | C | K | G | A | G | R | C | S | D | B | S | S | S | J | P | N | I | X | D |
| J | S | A | O | L | V | L | E | U | T | E | E | E | G | O | J | O | V | B | A |
| V | O | Y | I | T | E | V | G | A | R | M | V | E | N | C | G | Y | E | W | F |
| X | L | L | L | U | V | G | A | E | S | V | E | K | Z | E | J | W | T | R | D |
| M | D | T | L | C | B | K | B | Q | R | U | Y | H | A | A | X | T | Z | X | N |
| Z | I | B | N | Y | M | R | B | H | C | D | R | D | E | N | Q | H | B | S | A |
| G | V | N | S | Z | R | I | K | B | S | V | M | E | O | A | R | T | V | A | L |
| L | X | K | I | V | R | O | N | I | A | P | K | Y | A | G | R | T | S | E | S |
| Z | I | Q | I | O | V | G | G | I | O | E | J | Z | T | C | S | T | U | S | I |
| N | J | V | U | S | N | D | R | E | O | Q | C | E | U | O | C | B | I | N | G |
| O | I | N | R | T | H | Z | I | N | R | N | I | E | A | L | O | Q | H | E | N |
| I | S | R | E | B | M | I | T | E | M | R | E | V | I | H | S | B | H | V | S |
| N | S | F | O | O | H | O | H | O | Y | P | Y | D | A | J | E | Q | T | E | J |
| I | N | X | X | I | G | C | W | D | Y | R | M | A | H | O | Y | E | O | S | Y |
| M | X | D | L | O | G | Z | K | V | R | C | U | K | E | B | R | M | O | B | L |
| I | J | E | Y | E | P | A | T | C | H | M | A | B | H | M | Z | C | L | R | W |
| J | P | E | B | X | T | J | L | R | I | G | G | I | N | G | B | X | A | S | Y |

**SHIVER ME TIMBERS**
**AVAST ME HEARTIES**
**AHOY**
**JOLLY ROGER**
**TREASURE**
**BOOTY**
**GOLD**
**ISLAND**
**PIRATE SHIP**
**PARROT**
**CUTLASS**
**SEVEN SEAS**
**YO, HO HO**
**SCURVY DOGS**
**PEG LEG**
**EYE PATCH**
**LOOT**
**RIGGING**
**OCEAN**

Combien de fois est-ce que le mot **MINION** apparait dans la grille ?

# Arf ! Mauvais plan

**Mets ton cache-œil et regarde bien attentivement. Peux-tu repérer les deux gros plans qui sont des imposteurs de pirates et qui ne viennent pas de l'image ci-dessous ?**

a

b

c

d

e

f

Défie ton équipage et vois **À QUELLE VITESSE ILS PEUVENT REPÉRER QUI EST QUI ?**

**RÉPONSES EN** page 77

# VIVE LE MINION

**Les Minions pensaient que les choses allaient si bien avec Napoléon et son armée. Ils s'assuraient de toujours revêtir l'uniforme militaire complet et on leur donnait des tâches TRÈS importantes, comme donner le coup de canon. Mais les quand les choses tournèrent mal, elles tournèrent terriblement mal ! Les Minions ont été poussés à l'exil dans le désert glacé du pôle Nord !**

## LE SAVAIS-TU ?

- Le surnom de Napoléon était **Le Petit Caporal.**
- Il a un jour écrit un **roman d'amour** intitulé *Clisson et Eugénie.*
- D'après les rumeurs, Napoléon avait **peur des chats.**
- Après avoir été exilé sur une île, **il s'est évadé** et a pris à nouveau le contrôle de Paris.

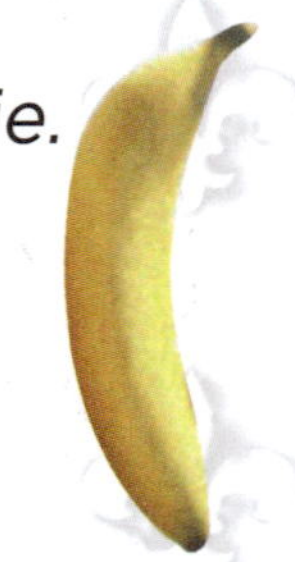

# COMMENT S'HABILLER

**Les Français maîtrisent parfaitement le style, et l'uniforme napoléonien des Minions ne fait pas exception.**

Une plume élégante avec des manchettes assorties est un must !

Une arme trop petite ? Pas de problème, il suffit d'arborer une belle expression faciale

Les bretelles -
elles vont à tout le monde !

## PROFIL DU MAÎTRE : NAPOLÉON

**Ah Napoléon - petit, avide de pouvoir et qui adore conquérir les autres pays.**

Les Minions pensaient avoir trouvé leur maître parfait, enfin un chef qu'ils pouvaient regarder droit dans les yeux... littéralement! Et puis, tout s'est fini dans un BOOM !

## PETIT QUIZ :

**1.** Quel était le surnom de Napoléon ?

______________________________

**2.** Napoléon avait peur des chiens.

**Vrai** ou **Faux ?**

**3.** Quel était le nom du roman d'amour de Napoléon :
a. *Claude et Clisson*
b. *Clisson et Eugénie*
c. *Clisson et Peter*

______________________________

RÉPONSES EN
page 77

# LES MINIONS : CONCOURS DE CARRÉS

**Es-tu prêt à te battre de Minion à Minion ? Prends un stylo, défie un ami et préparez vous à un concours... de carrés.**

1. Demande à un ami de jouer avec toi.
2. Tour à tour, tracez une ligne pour relier deux points. Pas de diagonales !
3. Essayez de faire un carré à quatre côtés. Le joueur qui termine le carré écrit ses initiales à l'intérieur.
4. Quand il n'y a plus de point à relier, comptez les lettres.
5. Le joueur avec le plus de cases gagne.

**BLAGUE !**

Pourquoi Napoléon est-il bien logé ?

**Parce que Napoléon a un bon appart.**

# L'ARMÉE MINION

**L'armée Minion à la charge ! Chaque Minion a une différence de plus comparée au Minion précédent - pourras-tu repérer chaque différence ?**

Le savais-tu ? L'armée de Napoléon était appelée **LA GRANDE ARMÉE**

**RÉPONSES EN** page 77

PARTIE 2

# LES MINIONS :
## L'HISTOIRE DU FILM

Le jet de Scarlet était tellement rapide qu'il ne fallut pas longtemps avant d'arriver en Angleterre et dans son château dans le centre de Londres. « Herb ! Mon bébé ! », appela Scarlet une fois dans le château. Elle serra son mari, un inventeur élégant nommé Herb.

« Herb, voici nos nouvelles recrues : Kevin, Stuart et Bob », déclara Scarlet.

« Très bien », sourit Herb. « Vous êtes un peu fous et tout jaune, et j'aime ça ! »

Scarlet regarda sérieusement les Minions. « Très bien, écoutez ! Il est temps de passer aux choses sérieuses. » Elle pointa un tableau. « Voici la reine Elizabeth, déclara Scarlet, souveraine d'Angleterre, et je veux vraiment, vraiment, sa couronne. Volez cette couronne pour moi et tous vos rêves deviendront réalité. Mais si vous échouez, je vous ferai éjecter de la surface de la Terre. D'accord ? »

Les Minions se rendirent au laboratoire de Herb car ils avaient besoin de gadgets pour leur mission. Là, ils virent alors une grande machine en métal.

« Quand elle sera terminée, ce sera mon arme ultime, » leur dit Herb. « Donc, vous êtes ici pour des gadgets... ». Les Minions hochèrent la tête. Herb baissa les yeux vers Bob. « Toi, tu auras ce costume extensible à l'infini. Kevin, tu auras ton propre pistolet à lave. Et toi, Stu, dit Herb, voilà un chapeau hypnotiseur ! »

**Le lendemain matin, les Minions allèrent à la Tour de Londres pour voler la couronne de la reine. Ils se faufilèrent à l'intérieur quand un groupe de gardes s'approche.**

Stuart appuya sur le bouton sur le côté de son chapeau hypnotiseur. Les gardes furent hypnotisés et commencèrent à danser. Les Minions passèrent les gardes et se dirigèrent vers l'entrée arrière de la salle des Joyaux de la Couronne.

Kevin sortit son pistolet à lave, tira et fit fondre un trou dans l'acier. La couronne de la reine était juste là. Les Minions coururent lorsque la vitrine où la couronne était exposée entra dans le sol.

La couronne était prise par des gardes de la reine dans un carrosse tiré par des chevaux. Les Minions coururent pour la rattraper.

Bob activa son costume extensible. Il fit en sorte que ses jambes soient hautes d'au moins deux étages, attrapa ses amis et courut après le carrosse.

Il jeta Kevin et Stuart à l'intérieur du carrosse de la reine.

« Gimme la crowna ! », hurla Stuart à la reine. Des centaines de policiers pourchassaient le carrosse. « Attrapez-les ! », cria la reine.

Bob courut jusqu'à un parc et attrapa une épée qui était alors coincée dans un rocher géant. La foule se tut. Les nuages se dissipèrent, recouvrant Bob d'une lueur céleste.

Il y a longtemps, était dit que personne, sauf un vrai roi, ne pourrait retirer l'épée de la pierre. Mais à ce moment précis, Bob l'avait fait. Il était le nouveau Roi d'Angleterre !

# LES MINIONS :
## L'HISTOIRE DU FILM

**Un journaliste se tenait devant Buckingham Palace. « Un des plus célèbres mythes d'Angleterre est devenu une réalité », dit-il, en parlant devant la caméra. « Bob a retiré la célèbre épée de sa pierre et est le nouveau roi. »**

Scarlet était en train de regarder les informations. « Bande de petits traîtres ! », hurla t-elle à la télévision.

Au palais, les gardes, à la demande de Bob, portaient tous une tenue jaune et des lunettes.

« Ohhhhhhh les amis ! », hurla Bob.

Il était au palais depuis seulement quelques minutes, mais il se sentait déjà comme à la maison.

Les Minions jouaient dans la grande salle. Kevin frappait une balle de polo qui traversa la pièce. À ce moment là, la porte s'ouvrit. La balle frappa Scarlet Overkill droit sur le nez.

« Comment osez-vous! », cria t-elle, le visage rouge.

« Petits traîtres ! », fulminait-elle. « Vous avez volé mon rêve ! J'allais être couronnée reine et vous, têtes d'épingle, vous avez tout gâché ! ».

Kevin arracha la couronne de la tête de Bob et la donna à Scarlet, en essayant de se racheter.

Les Minions ont emmené tout le monde dans les Chambres du Parlement, où Bob en tant que Roi, déclara que Scarlet était la nouvelle Reine d'Angleterre. « La keena pota Scarlet po papiel ! », cria Bob.

Scarlet se tourna vers les Minions. « Venez avec moi », dit-elle. « Vous allez enfin obtenir ce que vous méritez. »

Les Minions traversèrent le palais. C'était le moment, enfin leur maître allait les récompenser pour leur travail acharné. Scarlet les conduisit vers des marches à l'autre bout du palais. Kevin, Stuart et Bob firent seulement quelques pas, quand Scarlet claqua la porte derrière eux. Leurs yeux s'habituèrent lentement à l'obscurité. Des appareils de torture en métal recouvraient les murs. Elle les avait enfermés dans le donjon du palais...

# CHOEUR DE GLACE

**C'est la Chorale des Minions ! De beaux chants, dans des températures glacées et, malheureusement, une photo déchirée ! Peux-tu trouver les pièces manquantes pour compléter l'image de cette chorale des Minions ?**

a 

b 

c 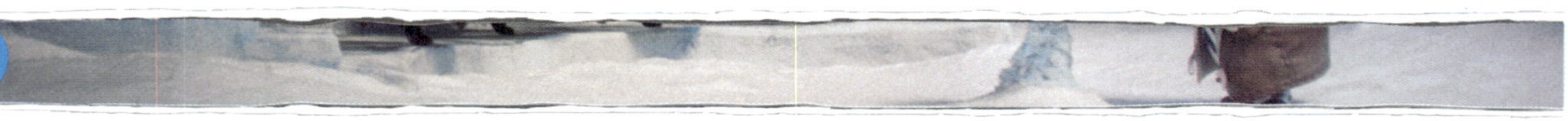

d 

e 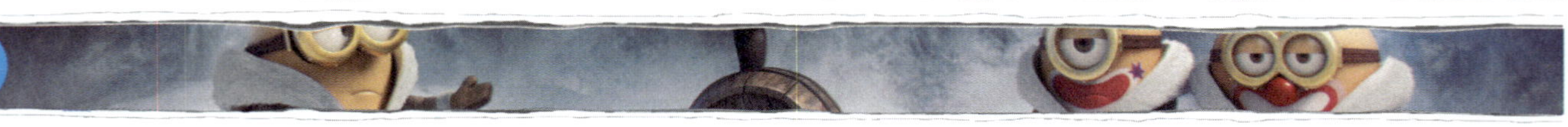

f 

g 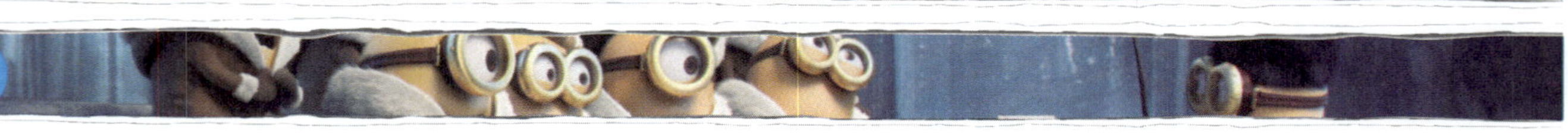

h 

RÉPONSES EN
page 77

# RECETTE DES CÔNES GLACÉS MINION

**Si, comme les Minions, vous voulez de la crème glacée, même quand il fait froid, alors voici la recette parfaite pour vous ! Ce n'est pas vraiment de la crème glacée, mais plutôt une banane, de la guimauve et du chocolat mélangés. Je parie que les Minions auraient aimé y avoir pensé !**

Demande à un adulte l'autorisation et de l'aide avant de commencer cette **RECETTE SPÉCIALE MIAM-MIAM !**

## INGRÉDIENTS :

2 bananes

4 cuillères à soupe de chocolat à tartiner

Une poignée de mini guimauves pour chaque cône

4 cornets pour crème glacée

## INSTRUCTIONS :

1. Épluche la banane et place-la dans un bol.
2. Maintenant, ajoute le chocolat à tartiner dans le bol.
3. Utilise une fourchette pour écraser et mélanger la banane avec le chocolat.
4. Avec une cuillère, répartis le mélange en quatre parts et garnis tes cônes avec.
5. Place les mini guimauves dans le mélange en haut du cône.
6. Place les cornets dans le congélateur pendant une heure.

**Maintenant, il ne reste plus rien d'autre à faire que de les déguster. Et rends tes amis super jaloux de ne pas en avoir !**

# ENNUI À MOURIR
# JEU DE PLATEAU

**Kevin sait que des Minions sans maître sont des Minions pitoyables. Ils sont resté dans le froid pendant trop longtemps ! Trouve un dé et des jetons, et aide Kevin, Stuart et Bob à traverser le globe pour rejoindre New York et un nouveau génie du mal à servir.**

**Instructions :**

1. Demande à des amis de te rejoindre et décidez qui va lancer le dé en premier. Le joueur qui obtient le plus grand nombre commence.
2. Chaque joueur place son jeton Minion fait maison sur la case « Départ ».
3. Tour à tour, lancez le dé et déplacez votre jeton du nombre de cases qui est indiqué. Suivez les instructions écrites sur les cases.
4. Si vous atterrissez sur une case « Banana Time », suivez les instructions dans le carré « Banana time »
5. Le premier Minion à atteindre la case « Arrivée » remporte la partie !

Il est temps de partir à l'aventure ! **Avance de 5 cases.**

**BANANA TIME !**

Personne ne veut vous aider. **Passe ton tour.**

Bob est effrayé par le voyage à venir. **Recule de 6 cases.**

Fais un feu ! Il fait fr-fr-froid ! **Avance de 2 cases.**

**BANANA TIME !**

Tim se perd dans les hautes herbes. **Recule de 3 cases.**

Tu as faim ! **Recule de 2 cases.**

Bob essaye de manger ta tête ! **Change de place avec le joueur qui est a ta gauche.**

# BANANA TIME

Fabrique ton propre jeton : trouve un petit morceau de carte et dessine ton Minion préféré sur une face.

C'est Banana time ! Ferme les yeux et mets ton doigt sur une des instructions ci-dessous. Une fois que vous avez réalisé ce qui est demandé, vous pouvez continuer.

**Fais un 3 avec ton dé.**

**Fais ta meilleure** imitation d'un Minion.

Fais un **5 avec ton dé.**

Dis **"j'adore les bananes"** à l'envers.

DEPART

Tu t'ennuies à mourir. **Passe ton tour**.

Tu as un plan pour trouver un nouveau maître. **Avance de 3 cases.**

Il y a une montagne à gravir. **Recule de 5 cases.**

BANANA TIME !

Traverse grâce au tronc d'arbre. **Avance de 6 cases.**

Trouve un canoë et pagaie. **Rejoue.**

Tu es arrivé à New York, 1968. Chante une chanson de célébration des Minions ou **passe un tour.**

**Blumock!** Où trouver un nouveau maître parmi tous ces gens ? Recule de 4 cases.

ARRIVEE

# PSYCHÉDÉLISME PARA TÚ

**Suis les instructions pour ressembler à un Minion hippy aimant la paix et le groove tout droit sorti des années 60 avec son T-shirt psychédélique !**

**DEMANDE LA PERMISSION ET L'AIDE D'UN ADULTE** avant de commencer cette création cool !

**RECOUVRE TOUTE LA SURFACE DE TRAVAIL ET PORTE DE VIEUX VÊTEMENTS** au cas où les choses se salissent !

## TU AURAS BESOIN DE :

1 paquet de colorant
Un flacon à presser
500ml d'eau chaude par colorant
Un vieux T-shirt en coton
Un grand sac en plastique
Un grand bol en plastique ou un lavabo
Des gants en caoutchouc
Des bandes élastiques ou de la ficelle

## INSTRUCTIONS :

1. Lave le T-shirt et garde-le humide.
2. Pince le centre du T-shirt et tire vers le haut en formant un cône.
3. En utilisant les bandes élastiques, fais un nœud tous les quatre centimètres à partir de l'extrémité du cône.
4. Mets tes gants de caoutchouc et dissous le colorant dans 500 ml d'eau ou suis les instructions sur le paquet.
5. Mets la solution de colorant dans un flacon à presser.
6. Place le T-shirt noué dans le bol en plastique vide et applique directement la bouteille sur les zones sélectionnées.
7. Une fois ceci terminé, mets le T-shirt dans un sac en plastique, ferme-le et laisse le tout se reposer pour une nuit.
8. Sans dénouer le tissu, rince à l'eau froide jusqu'à ce que l'eau soit claire, puis défais les nœuds et lave à l'eau tiède.
9. Fais-le sécher et éblouis tous tes amis avec ton style cool et groovy !

**AVERTISSEMENT :** Les premières fois où tu laveras ton t-shirt psychédélique, lave-le séparément des autres vêtements au cas où il y aurait trop de colorant.

# MINION A GRIBOUILLER

Colorie le T-shirt de ce petit gars pour qu'il ressemble au tien !

# APPRENDRE À CONNAITRE SCARLET

**C'est la première super-méchante du monde, et elle viendra voler un musée près de chez vous !**

**NOM :** Scarlet Overkill

**APPARENCE :** Un style impeccable ! Très années 60, coiffure parfaite, robe rouge et gants noirs.

**TRAITS DE CARACTÈRE :** Elle s'est engagée à toujours obtenir ce qu'elle veut.

**MOMENTS CLÉS :**
Son entrée dans la Foire du Mal de 1968
A été couronnée reine d'Angleterre – ou pas !
Passe sa robe en « mode attaque »

**AIME :** Les rubis, Herb, ses trophées spécial crime, la famille royale anglaise (surtout leurs joyaux !)

**N'AIME PAS :** Quand ses sbires échouent et la trahissent.

**MOYEN DE TRANSPORT :** Le Scarlet Jet

**SA PHRASE PRÉFÉRÉE : "N'EST-CE PAS MERVEILLEUX D'ÊTRE MÉCHANT?"**

**Meilleure photo :**

Que Scarlet prévoit-elle de voler maintenant ? **DESSINE UNE IMAGE DANS LA BULLE.**

# APPRENDRE À CONNAITRE HERB

Il a quelques-uns des gadgets les plus cool des folles années 60. Si vous voulez des armes super-élastiques ou un pistolet qui tire de la lave juste parce que c'est génial, alors Herb est votre homme.

**NOM :** Herb Overkill

**APPARENCE :** Coiffure cool, costume cool, il est juste cool.

**TRAITS DE CARACTÈRE :** Il aime Scarlet et ses folles tendances criminelles !

**MOMENTS CLÉS :**
Donne à Kevin, Stuart et Bob quelques gadgets impressionnants pour les aider à voler la couronne
Est suspendu dans son fauteuil suspendu !
Donne des surnoms à tout le monde

**AIME :** Scarlet, inventer des gadgets, la soupe, les romances, les explosions.

**N'AIME PAS :** Pas grand chose. Ce type plein de groove est un hippy qui a la paix au fond de son cœur.

**SA PHRASE PRÉFÉRÉE :** **"VOUS ÊTES UN PEU DINGUES ET TOUT JAUNE, ET J'AIME ÇA !"**

**Meilleure photo :**

Une partie de l'invention de super gadgets est de trouver des noms trop cool à leur donner. Certaines des inventions de Herb comportent : Pistolet à lave, Chapeau Hypnotiseur et le costume extensible à l'infini. **UTILISE CET ESPACE POUR ECRIRE DES NOMS POUR TES INVENTIONS.**

# HELLO, LONDRES

**Kevin, Stuart et Bob ont trouvé un nouveau maître, ouais ! Tout ce qu'ils ont à faire maintenant, c'est d'essayer de lui faire plaisir… pas facile ! Leur mission est de voler la couronne de la reine, mais ils ne savent pas où commencer à chercher.**

Aide-les à traverser Londres le plus rapidement possible en métro, pour atteindre une cabine téléphonique et chercher des indices. Ajoute les minutes de chaque cercle le long de chaque ligne de couleur différente pour trouver l'itinéraire le plus rapide

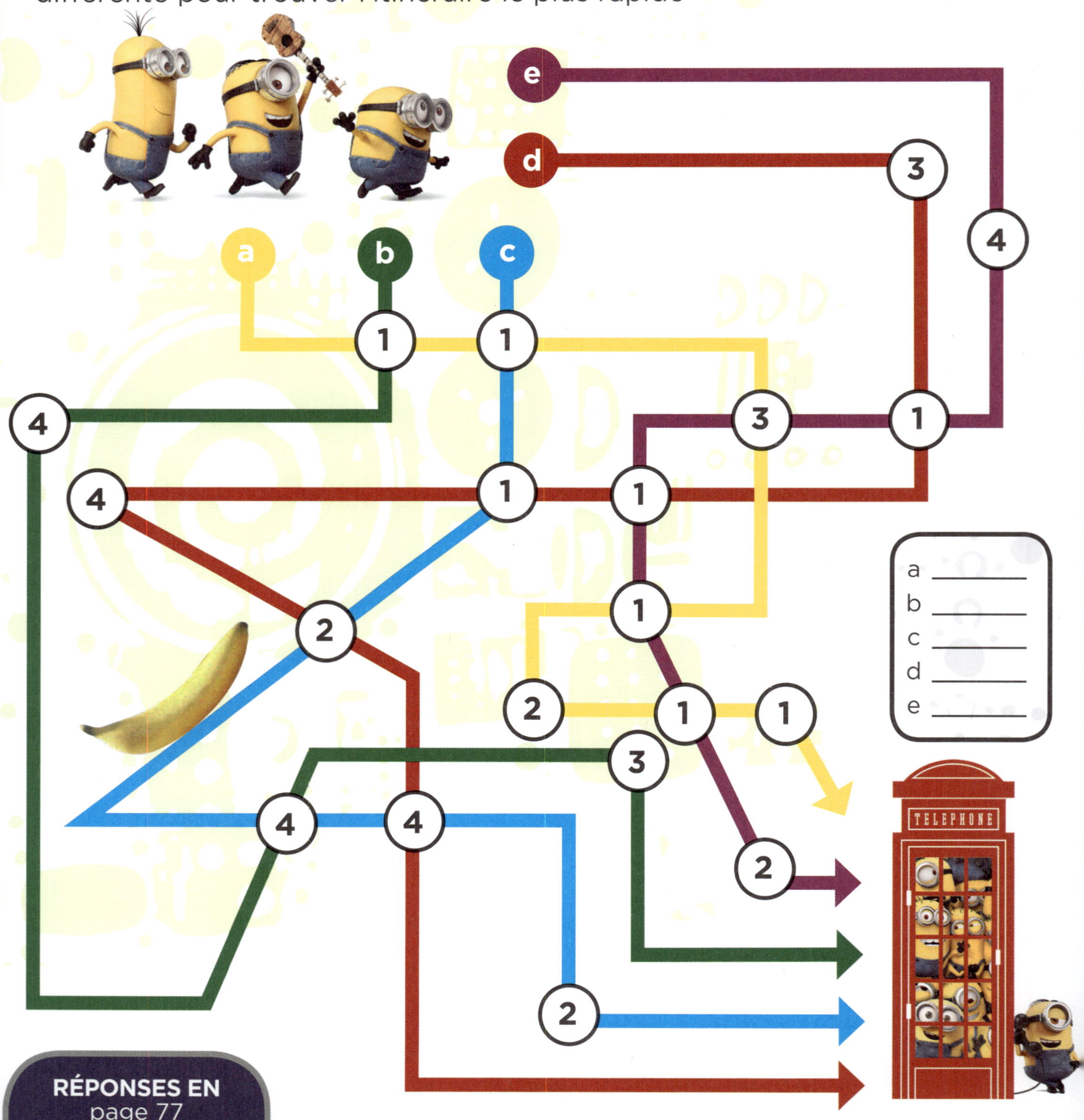




RÉPONSES EN
page 77

# SOIS TRES ATTENTIF !

**Plus que toute autre chose, Scarlet déteste quand ses Minions ne sont pas assez attentifs. Alors elle a préparé un test pour toi : étudie cette image pendant une minute, puis tourne la page et réponds correctement à autant de questions que tu peux. Ne stresse pas, mais Scarlet s'attend à la perfection...**

# SOIS TRES ATTENTIF ! QUESTIONS

**Maintenant réponds à autant de questions que possible au sujet de l'image sur la page précédente.**

1. Quelle main levait Herb ?

   ______________________________

2. Que pouvait-on voir sur le portait qui apparaît à côté de Scarlet ?

   ______________________________

3. Voyait-on les jambes de Scarlet dans l'image ?

   ______________________________

4. De quelle couleur était le joyau sur le dessus de la couronne ?

   ______________________________

5. Combien voyait-on d'émeraudes sur la couronnes ?

   ______________________________

6. De quelle couleur était la robe de Scarlet ?

   ______________________________

7. Combien de boutons étaient attachés sur la veste de Herb ?

   ______________________________

8. De quelle couleur était la boucle de ceinture de Herb ?

   ______________________________

9. Herb portait-il une cravate ?

   ______________________________

10. De quelle couleur était le mur de la salle ?

   ______________________________

# CAFFE A L'ANGLAISE

**On n'a jamais vu des affiches créées par les Minions mais c'est incompréhensible. Ces affiches sont confuses ! Il y a toujours un mot erroné. Aide-toi des images sur chacune des affiches.**

________________

________________

________________

________________

________________

________________

RÉPONSES EN
page 77

# INSTRUCTIONS POUR CONSTRUIRE TES MINIONS

Tous tes Minions favoris n'attendent que toi pour être assemblés ! Suis ces instructions étape-par-étape et très vite tu auras ta propre armée fidèle de sbires ! (Si tu as besoin d'aide, n'aies pas peur de demander à un adulte.)

## INSTRUCTIONS

### ASSEMBLAGE MINION BASIQUE

1. Appuie délicatement sur chaque pièce le long des lignes perforées pour les faire sortir.
2. Plie les lignes marquées.
3. Construis la forme du corps principal en formant un cube rectangulaire et insére l'onglet du corps principal dans la fente opposée. (Figure 1)
4. Tiens le cube de sorte que la partie inférieure du Minion soit visible et insére en même temps les trois languettes dans les fentes. (Figure 2)
5. Répéte l'étape 4 pour la partie supérieure du Minion.
6. Plie la pièce du pied en une forme carrée et insére les onglets dans les fentes dans la partie inférieure du corps principal. Assure-toi de bien aligner l'avant des pieds à l'avant du corps. (Figure 3)
7. Avec le corps du Minion à la verticale, serre au niveau des plis près des fentes latérales supérieures pour créer un espace et insére l'onglet des lunettes. Répéte l'opération de l'autre côté. (Figure 4)
8. Beaucoup de ces Minions ont des cheveux, un chapeau ou une couronne. Insére les onglets dans la partie supérieure de la tête. Pour les cheveux de Stuart, utilise un crayon ou une tige pour recourber les deux moitiés, puis insére les deux onglets du milieu dans la fente centrale sur le dessus de la tête. Insére chaque onglet dans sa propre fente. (Figure 5)
9. Insére les onglets des bras dans les fentes latérales. S'il y a deux faces pour le bras, plie-le avant d'insérer les deux onglets dans la même fente. (Figure 6)

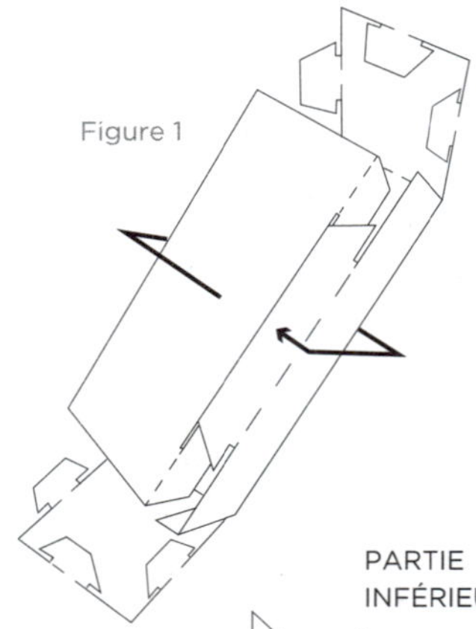
Figure 1

PARTIE INFÉRIEUR

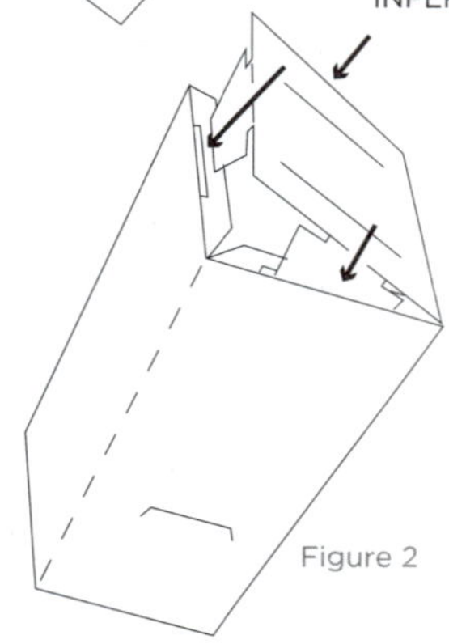
Figure 2

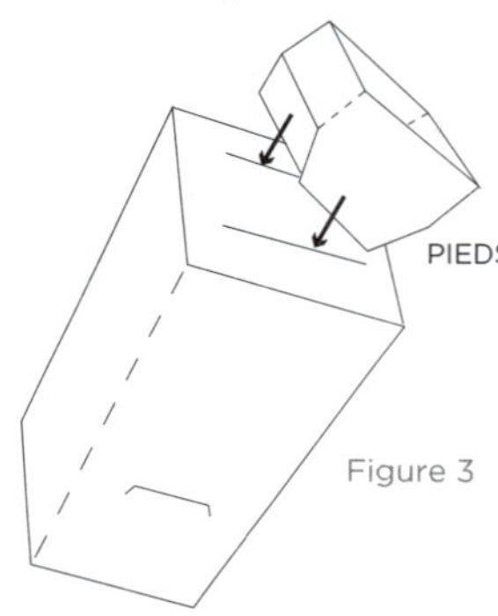
PIEDS

Figure 3

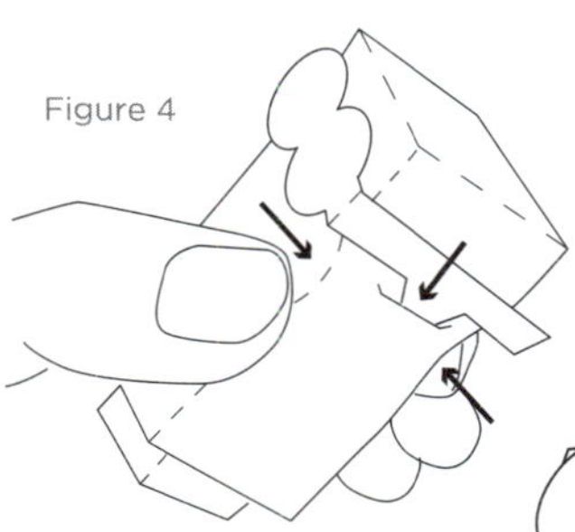
Figure 4

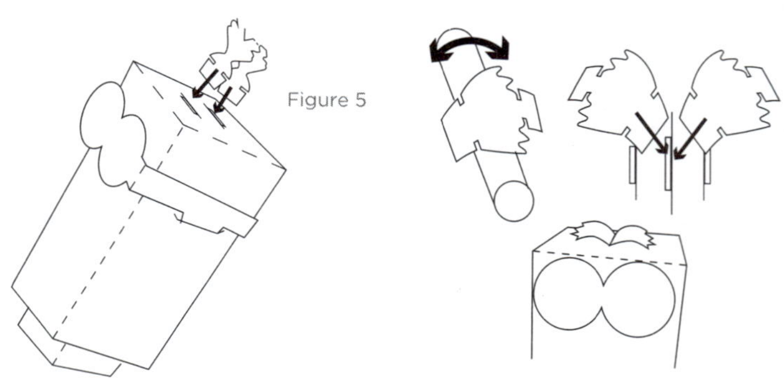
Figure 5

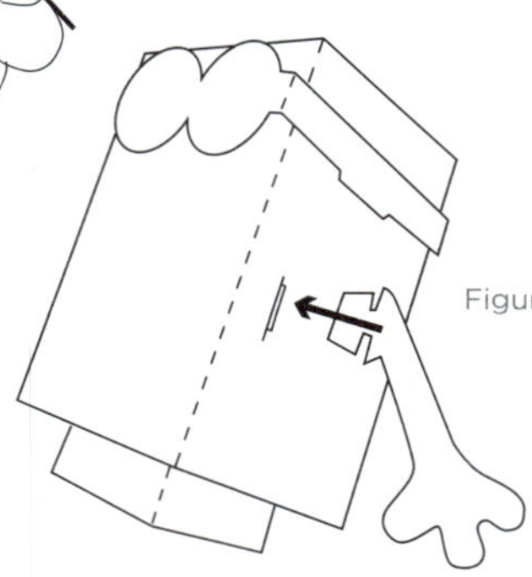
Figure 6

**NOTE :** Les codes sur les onglets pour les bras, les yeux, les pieds, les chapeaux et les cheveux correspondent à l'emplacement sur le corps principal :

A = bras / E = yeux / F = pieds / H = chapeau ou cheveux
Par exemple, l'onglet A1 (bras) va dans la fente A1 sur le corps principal.

## AVANCÉE : POLO KEVIN ET TECKEL

1. Tête de teckel : plie les côtés et le dessus de la tête vers l'arrière. (Figure 1)
2. Rabats l'onglet H26 autour du dos et fixe-le dans la fente. Rabats l'onglet supérieur et fixe-le dans la fente sur la barre qui est maintenant à l'arrière de la tête. Rabats l'onglet H27 sous le menton et fixe-le. (Figure 2)
3. Museau du teckel : plie le museau du teckel (bouche et nez), de sorte qu'il ressemble à une pyramide à sommet plat.
4. Insére les languettes tordues N1 et N2 dans les fentes le long du bord de la partie supérieure du nez. Une fois à l'intérieur, redresse-les de l'intérieur de sorte qu'elles ne puissent pas glisser. (Figure 3)
5. Insére l'onglet N3 dans la fente sur le devant de la tête. L'onglet au bas du museau va glisser dans la fente au bas de la tête. (Figure 4)
6. Corps du teckel : assemble le corps du teckel comme tu l'as fait avec le corps des Minions.
7. Fixe les pieds du teckel en insérant les onglets dans les fentes le long de la face inférieure du corps. (Figure 5)
8. Fixe la tête du teckel à son corps en insérant les onglets H25 et H28 dans les fentes sur le devant du corps. (Figure 6)
9. Polo Kevin : suis la même procédure que pour les Minions réguliers, mais il faut noter qu'il n'y a pas trois onglets sur la partie inférieure. Au lieu de cela, il y a deux onglets, F43 et F44.
10. Insére l'onglet F43 dans la fente arrière dans le haut du corps du teckel, en s'assurant que les jambes du Minion sont bien à l'extérieur. (Figure 7)
11. Répéte l'opération pour l'onglet F44 dans la fente avant sur le haut du corps du teckel.
12. Fixe le chapeau de Kevin sur sa tête en insérant les onglets H24 dans les fentes sur le dessus du corps.

Figure 1

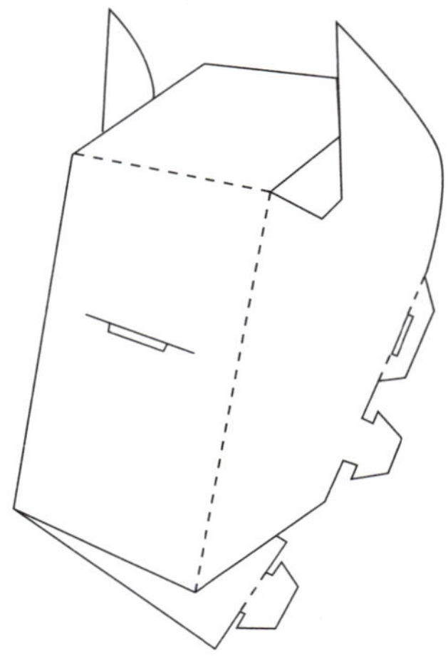

Figure 2

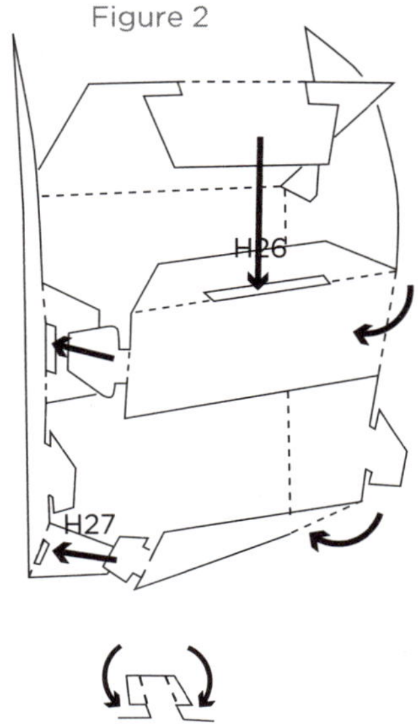


Figure 5

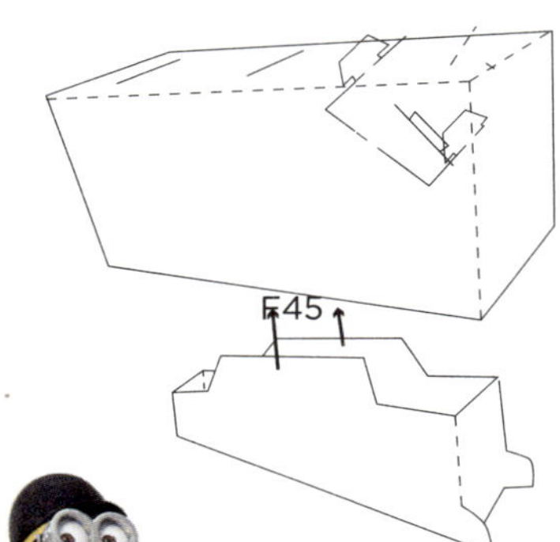


Figure 3

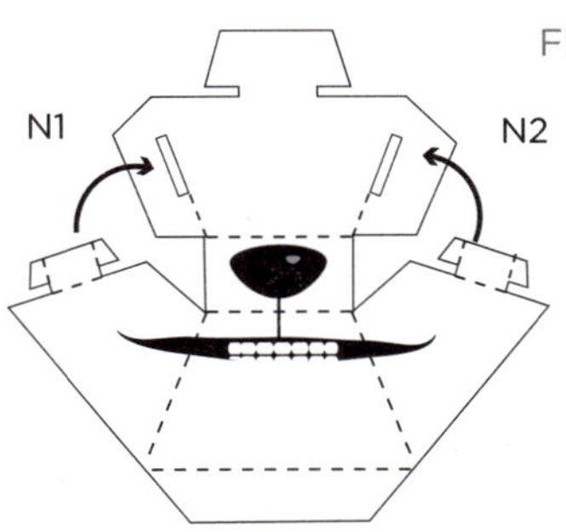


Figure 4

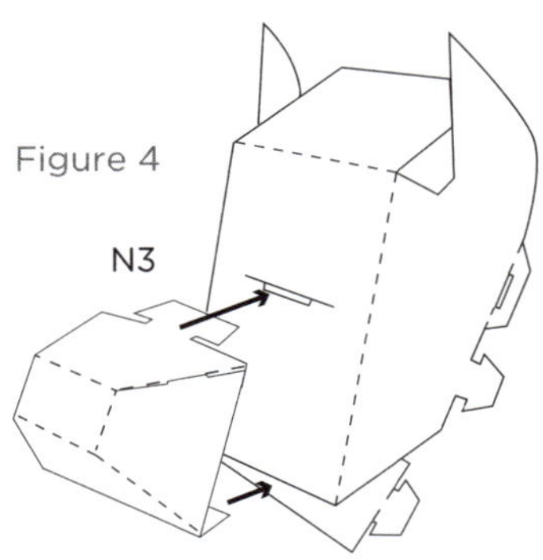

Figure 6

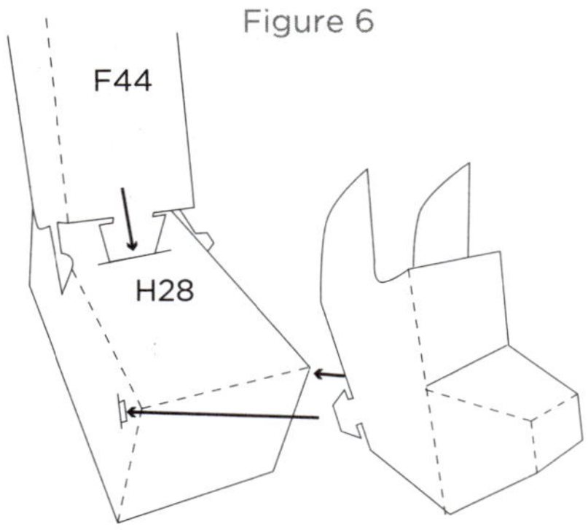


Figure 7

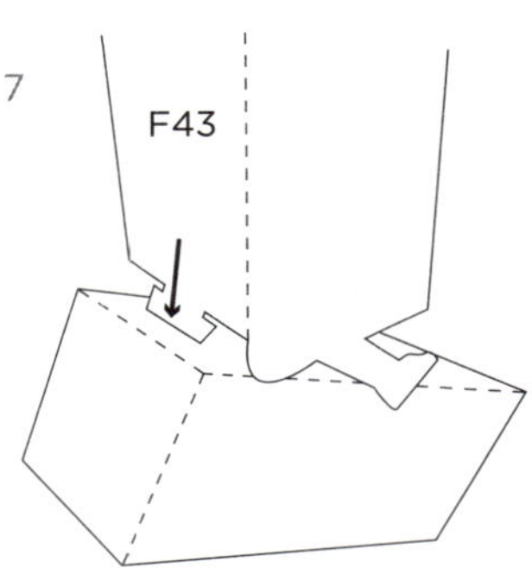


**NOTE :** Plie les « volets » des onglets H26, H27, N1 et N2 afin qu'ils puissent tenir dans les fentes étroites. Une fois à l'intérieur, ouvre à nouveau les volets pour fixer les onglets.

# LES MINIONS :
## L'HISTOIRE DU FILM

**Les Minions observaient le donjon quand soudain, Kevin remarqua une grille. Ils la soulevèrent et s'introduirent dans le conduit.**

Ils rampèrent hors des égouts, à proximité de l'endroit où Scarlet avait été couronnée.

Les portes étaient verrouillées. Ils devaient grimper pour entrer dans la cathédrale.

À l'intérieur de la cathédrale, les Minions virent Scarlet se tenir en dessous d'eux.

Soudain, une abeille commença à tourner autour de la tête de Bob. Stuart et Bob furent contraints à rejoindre le lustre. L'abeille pourchassait les Minions en faisant des cercles. Stuart et Bob continuaient à courir, en essayant de s'en échapper, mais plus ils courraient, et plus le lustre devenait instable. La vis qui le faisait tenir au toit se desserrait.

Bien plus bas, Scarlet souriait en voyant l'archevêque avancer avec la couronne.
« Je vous proclame, mais avec beaucoup de réserve, reine d'Angleterre ! »

Entendant tout un chahut, Scarlet leva les yeux et vit le lustre tomber du plafond. Kevin parvint à attraper Stuart et Bob avant de s'écraser au sol pour atterrir juste au dessus de Scarlet.

Les Minions n'avaient pas l'intention de faire du mal à Scarlet, mais ils savaient que cela ne présageait rien de bon.

Tout à coup, ils entendirent une énorme collision. Scarlet avait tiré au plafond. Elle était protégée par sa robe, une nouvelle tenue de super-méchant que Herb avait conçu. Elle montait dans les airs, en fixant les Minions, son visage rouge de colère.

Elle pointa les Minions. « Emparez-vous d'eux ! », cria t-elle à la foule.

Les Minions coururent, essayant de semer les méchants en colère. Mais les méchants sortirent de nulle part. Kevin fut séparé de ses amis. Il ne cessait de regarder en arrière, mais il n'arrivait plus à les voir.

Kevin continua à courir, jusqu'à ce qu'il aperçoive un poste de télévision. Un journaliste parlait devant la caméra, jusqu'à ce que Scarlet le poussa hors du champ.

« Kevin, je sais que tu es là », hurla t-elle à la caméra, « regarde ce que j'ai là ! »

Elle se pencha, tirant Stuart et Bob. Ils étaient tous deux ligotés.

« **les copains !** », cria Kevin. Il devait sauver ses amis !

**Kevin entra à l'intérieur du laboratoire de Herb. Il avait besoin d'équipements ! Il tomba sur l'Arme Ultime de Herb et l'activa. « Trois... deux... un... » , dit une voix mécanique. La machine commença à travailler. Kevin grandit... grandit... jusqu'à ce qu'il soit haut comme trente étages.**

## « Les copains ! »

Il cria et tâtonna délicatement des pieds pour les trouver. Stuart et Bob étaient assis, attachés à des bâtons de dynamite.

« Voilà, les garçons », déclara Scarlet.

Ils se débattaient pour dégager la corde, en regardant avec panique la flamme en train de descendre petit à petit...

## Wham !

Une botte géante frappa violemment la flamme, ce qui l'éteignit.

**« Bello ! »**, cria Kevin Géant.

Kevin essaya de libérer ses amis, mais quelqu'un se tenait derrière lui. « Alors c'est ton plan ? », hurla Scarlet en volant derrière lui. « Devenir une cible plus grande ? »,

À ce moment là, Kevin remarqua une foule immense de l'autre côté de la rue. C'était ses copains - pas seulement Stuart et Bob, il y avait tout le monde. Ils avaient voyagé à travers le monde pour trouver leurs amis disparus, et maintenant ils étaient prêts à se battre avec Kevin.

« Tout se termine maintenant ! », grogna Scarlet.

La robe de Scarlet fut activée dans sa forme finale, révélant un noyau nucléaire.

Elle cibla sa bombe sur les Minions et tira. Kevin fit un pas en avant, et se pencha… et avala la bombe.

« Amusez-vous bien à exploser ! », caqueta Scarlet.

Scarlet ramassa Herb et s'envola au loin.

Elle voulait partir aussi loin que possible. Kevin les attrapa et fut également emporté.

Le bip sonore à l'intérieur de Kevin s'accélérait. La bombe était sur le point d'exploser. « Non, non, non, non, non ! », cria Scarlet.

# BooooOOOOooooOOM!

# LES MINIONS :
## L'HISTOIRE DU FILM

**Les Minions regardaient avec horreur le ciel se remplir de fumée. Il leur fallut un moment pour remarquer la petite tache de jaune dans le ciel.**

« Looka ! », cria Bob, en la montrant aux autres Minions. C'était Kevin qui revenait sur Terre en flottant, en utilisant sa salopette bleue comme un parachute et il était revenu à sa taille normale.
Les Minions l'avaient fait - ils avaient sauvé tout Londres de Scarlet Overkill, la reine tyran. Mais Scarlet n'avait pas encore tout à fait dit son dernier mot...

Scarlet et Herb explosèrent dans le ciel et s'écrasèrent au beau milieu d'un désert de neige.

« Où sommes-nous ? », demanda Scarlet.

Elle leva les yeux et vit plusieurs Yétis plutôt en colère. Scarlet n'était pas intimidée. En quelques heures, elle devint leur reine. C'était le couronnement dont elle avait toujours rêvé.

La vie est parfois pleine de mystère. Scarlet et Herb avaient finalement trouvé un royaume sur lequel régner. Il n'y avait pas de château, mais il y avait l'air-conditionné.

À Londres, la Reine Elizabeth s'adressa à une foule gigantesque.

« Nous sommes ici aujourd'hui pour remercier les Minions. Le pays vous témoigne sa plus grande gratitude. »

« Bob, » continua la Reine, « tu as été un roi sage et noble pendant tes huit heures de règne. Donc, je t'offre cette petite couronne pour ton ours en peluche Tim. »

« Tri makasi ! Tri makasi ! », cria Bob, en sautant d'excitation de haut en bas.

« Stuart, » continua la Reine, « pour toi, j'ai cette jolie boule à neige. »

Stuart regarda le globe en verre dans sa main, s'efforçant de sourire. C'était un cadeau étrange.

« Je plaisante » rigola la Reine, « ne sois pas en colère contre moi , c'était l'idée de Kevin. » Puis Kevin s'avança avec une belle guitare électrique rouge pour Stuart.

« Coolos ! », annonça Stuart, en souriant.

« Kevin, » dit la reine,
« Tu es un héros de premier ordre.
Pour ta bravoure et ta vaillance,
je te fais chevalier. À partir de
maintenant, tu deviens Sir Kevin.
Bravo. »

**« Kevin ! Kevin ! Kevin ! »**
scandaient tous les Minions. Ils portèrent leur chef sur leurs épaules, dans les rues de Londres. Kevin avait sauvé tout le monde et gagné l'amour et le respect de sa tribu.

# LES MINIONS : LE QUIZ

## 1. Peux-tu identifier chaque maître ?

a

b

c

d

## 2. Place ces maîtres dans le bon ordre chronologique dans l'Histoir

Napoléon
Dracula
Le Pirate
Le Pharaon
L'homme des cavernes
T-Rex
Scarlet Overkill

## 3. De quand et d'où viennent ces images ?

a

b

c

d

## 4. Connais-tu les Minions :

**a.** Quel Minion aime jouer du ukulélé ?

______________________________

**b.** Quel Minion avale le rubis de Scarlet ?

______________________________

**c.** Quel Minion se fait mordiller la tête dans le bateau pour New York ?

______________________________

## 5. Connais-tu ton maître :

**a.** Quel maître se fait manger par un requin ?

______________________________

**b.** Quel maître se fait exploser ?

______________________________

**c.** Quel maître tombe dans un volcan ?

______________________________

**d.** Quel maître est emmené dans une virée nucléaire avec Kevin ?

______________________________

## 6. Qui est-ce ?

a

b

c

RÉPONSES EN
page 77

# C'EST LE MOMENT DES RÉPONSES

**AS-TU TROUVÉ LA BANANE CACHÉE SUR CHAQUE PAGE ?**

**PAGE 21**
**1.** Faux
**2.** c
**3.** Plus de 1 500

**PAGE 22**
Il y a 12 Minions qui se cachent.
Il y a une banane qui se cache également !

**PAGE 23**

**PAGE 25**
Non. L'ombre ne correspond pas à l'image de Stuart.

**PAGE 27**
**1.** Vrai
**2.** Contre des chiens
**3.** b

**PAGE 28**
Un Minion apparaît dans le carré jaune.

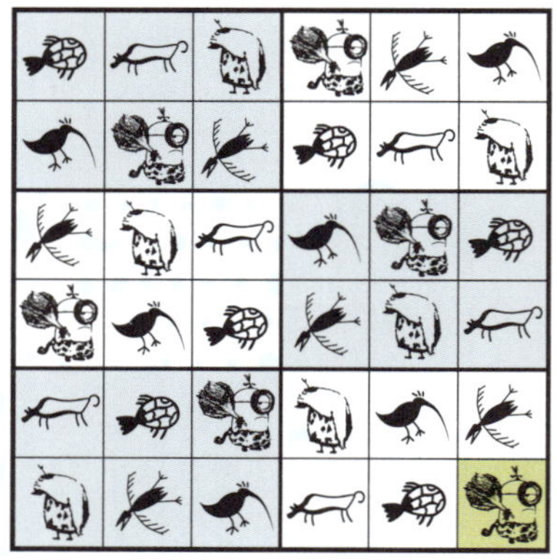

**PAGE 29**

**PAGE 31**
7 fois

**PAGE 33**
**1.** Comme tombeaux pour leurs pharaons
**2.** a
**3.** Faux

**PAGE 34**

## PAGE 35

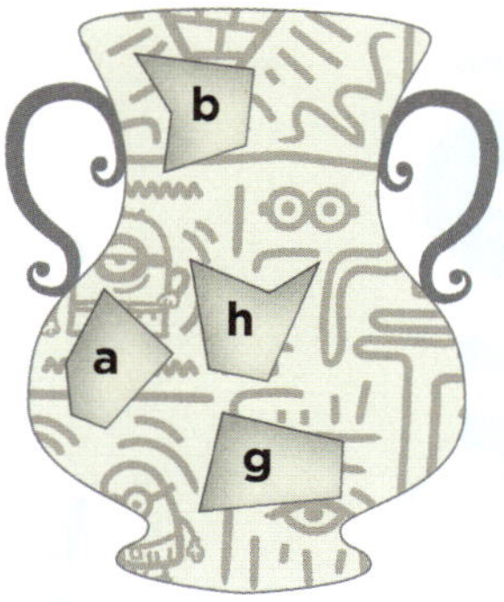


## PAGE 37

**1.** Faux
**2.** En Roumanie
**3.** c

## PAGE 39

**a.** 3
**b.** 6
**c.** 2
**d.** 5
**f.** 1
**g.** 4
L'ombre e ne correspond à aucune image car elle est dans le mauvais sens.

## PAGE 41

**1.** Il y a environ 300 ans
**2.** Vrai
**3.** a

## PAGE 42

« Minion » apparaît 3 fois.

| | | | | | | | | | | | | | | | | | | | |
|---|---|---|---|---|---|---|---|---|---|---|---|---|---|---|---|---|---|---|---|
| K | F | A | Y | R | A | Z | C | D | V | T | O | R | R | A | P | Q | A | R | E |
| F | P | Z | Q | S | K | V | X | E | T | D | W | S | Q | V | Y | R | V | G | D |
| U | A | E | L | S | T | S | A | I | Y | P | I | R | A | T | E | S | H | I | P |
| M | C | K | G | A | G | R | C | S | D | B | S | S | S | J | P | N | I | X | D |
| J | S | A | O | L | V | L | E | U | T | E | E | E | G | O | J | O | V | B | A |
| V | O | Y | I | T | E | V | G | A | R | M | V | E | N | C | G | Y | E | W | F |
| X | L | L | L | U | V | G | A | E | S | V | E | K | Z | E | J | W | T | R | D |
| M | D | T | L | C | B | K | B | Q | R | U | Y | H | A | A | X | T | Z | X | N |
| Z | I | B | N | Y | M | R | B | H | C | D | R | D | E | N | Q | H | B | S | A |
| G | V | N | S | Z | R | I | K | B | S | V | M | E | O | A | R | T | V | A | L |
| L | X | K | I | V | R | O | N | I | A | P | K | Y | A | G | R | T | S | E | S |
| Z | I | Q | I | O | V | G | G | I | O | E | J | Z | T | C | S | T | U | S | I |
| N | J | V | U | S | N | D | R | E | O | Q | C | E | U | O | C | B | I | N | G |
| O | I | N | R | T | H | Z | I | N | R | N | I | E | A | L | O | Q | H | E | N |
| I | S | R | E | B | M | I | T | E | M | R | E | V | I | H | S | B | H | V | S |
| N | S | F | O | O | H | O | H | O | Y | P | Y | D | A | J | E | Q | T | E | J |
| I | N | X | X | I | G | C | W | D | Y | R | M | A | H | O | Y | E | O | S | Y |
| M | X | D | L | O | G | Z | K | V | R | C | U | K | E | B | R | M | O | B | L |
| I | J | E | Y | E | P | A | T | C | H | M | A | B | H | M | Z | C | L | R | W |
| J | P | E | B | X | T | J | L | R | I | G | G | I | N | G | B | X | A | S | Y |

## PAGE 43

b et f ne viennent pas de cette image !

## PAGE 45

**1.** « Le Petit Caporal »
**2.** Faux
**3.** b

## PAGE 47

## PAGE 52

« c », « g » et « h »

## PAGE 62

La ligne jaune est la plus rapide.

## PAGE 64

**1.** Sa main droite
**2.** Un vase de fleurs
**3.** Non
**4.** Bleu
**5.** Deux
**6.** Scarlet, bien sûr !
**7.** Deux
**8.** Doré
**9.** Oui
**10.** Violet

## PAGE 65

1. Drapeau
2. Épée
3. Ours
4. Polo
5. Jupe
6. Couronne

## PAGE 74-75

**1.**
**a.** Le pirate
**b.** Scarlet Overkill
**c.** L'homme des cavernes
**d.** T-Rex

**2.**
T-Rex, L'homme des cavernes, Pharaon, Dracula, Le Pirate, Napoléon, Scarlet Overkill

**3.**
**a.** L'Égypte antique
**b.** Le temps des dinosaures
**c.** New York dans les années 60
**d.** Londres dans les années 60

**4.**
**a.** Stuart
**b.** Bob
**c.** Kevin

**5.**
**a.** Le Pirate
**b.** Napoléon
**c.** T-Rex
**d.** Scarlet Overkill

**6.**
**a.** Herb Overkill
**b.** Walter Nelson
**c.** Tim l'ours

BLUMOCK

# MODÈLE DE STUART

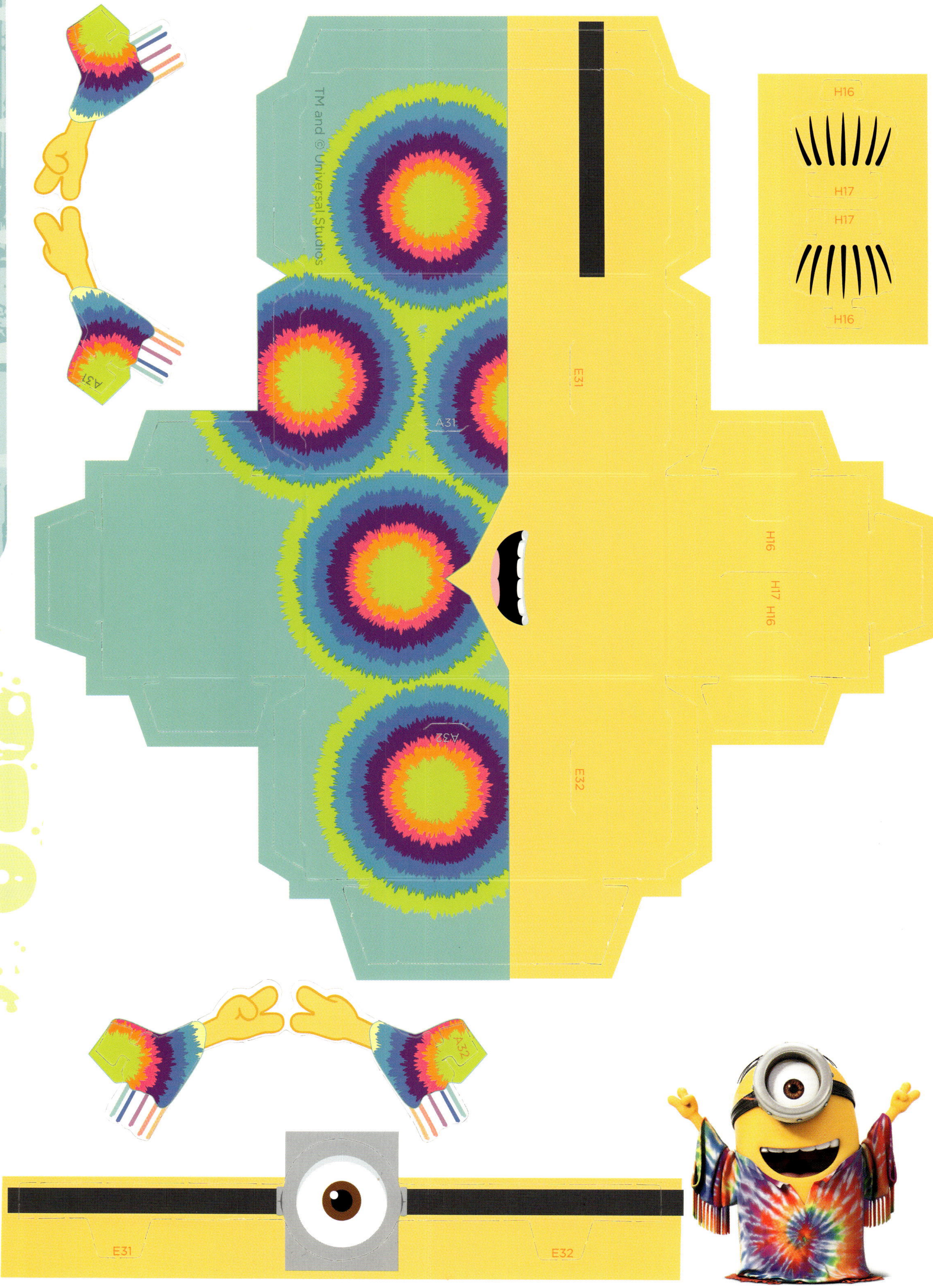

# MODÈLE DE STUART

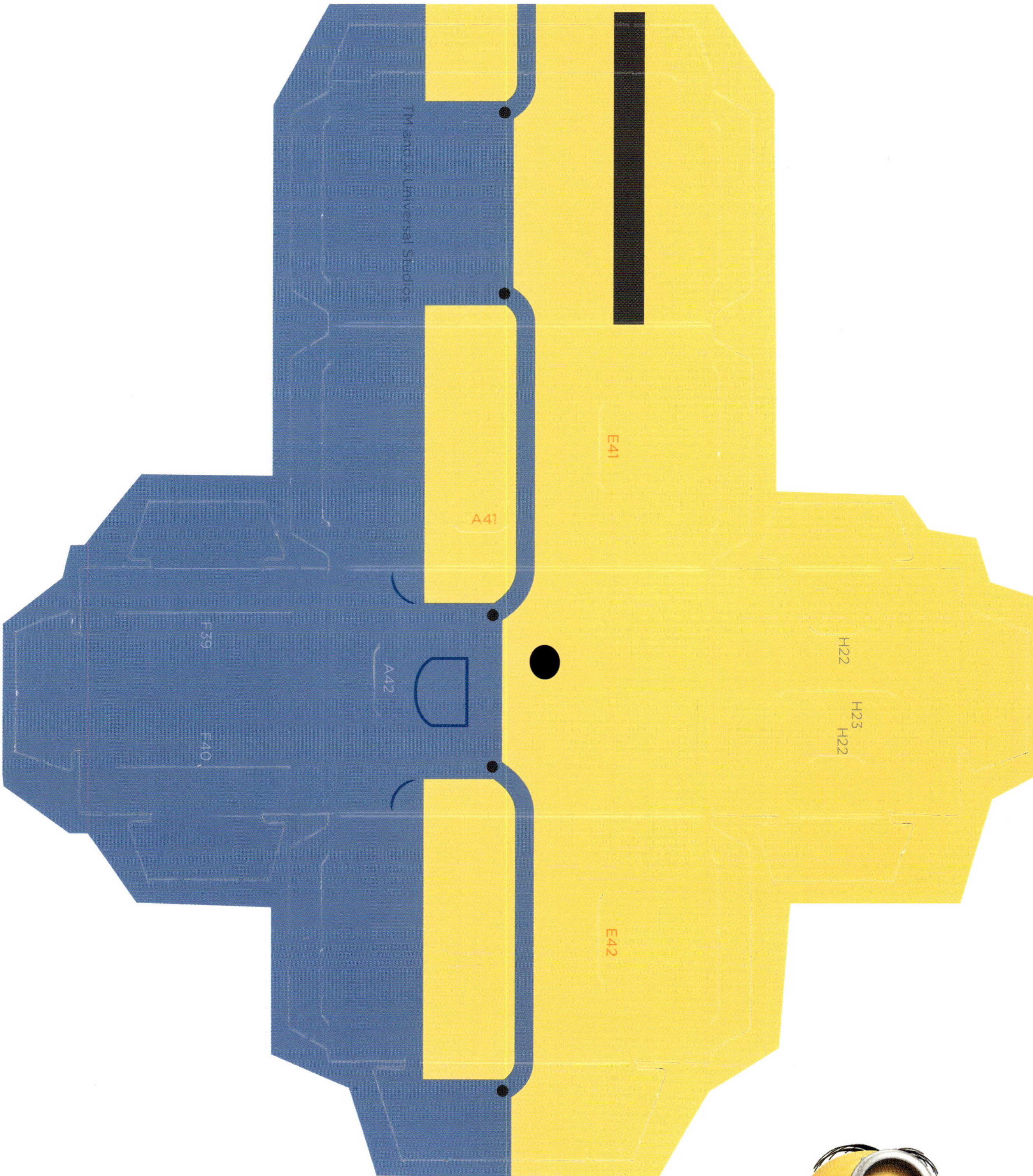

# MODÈLE DE STUART

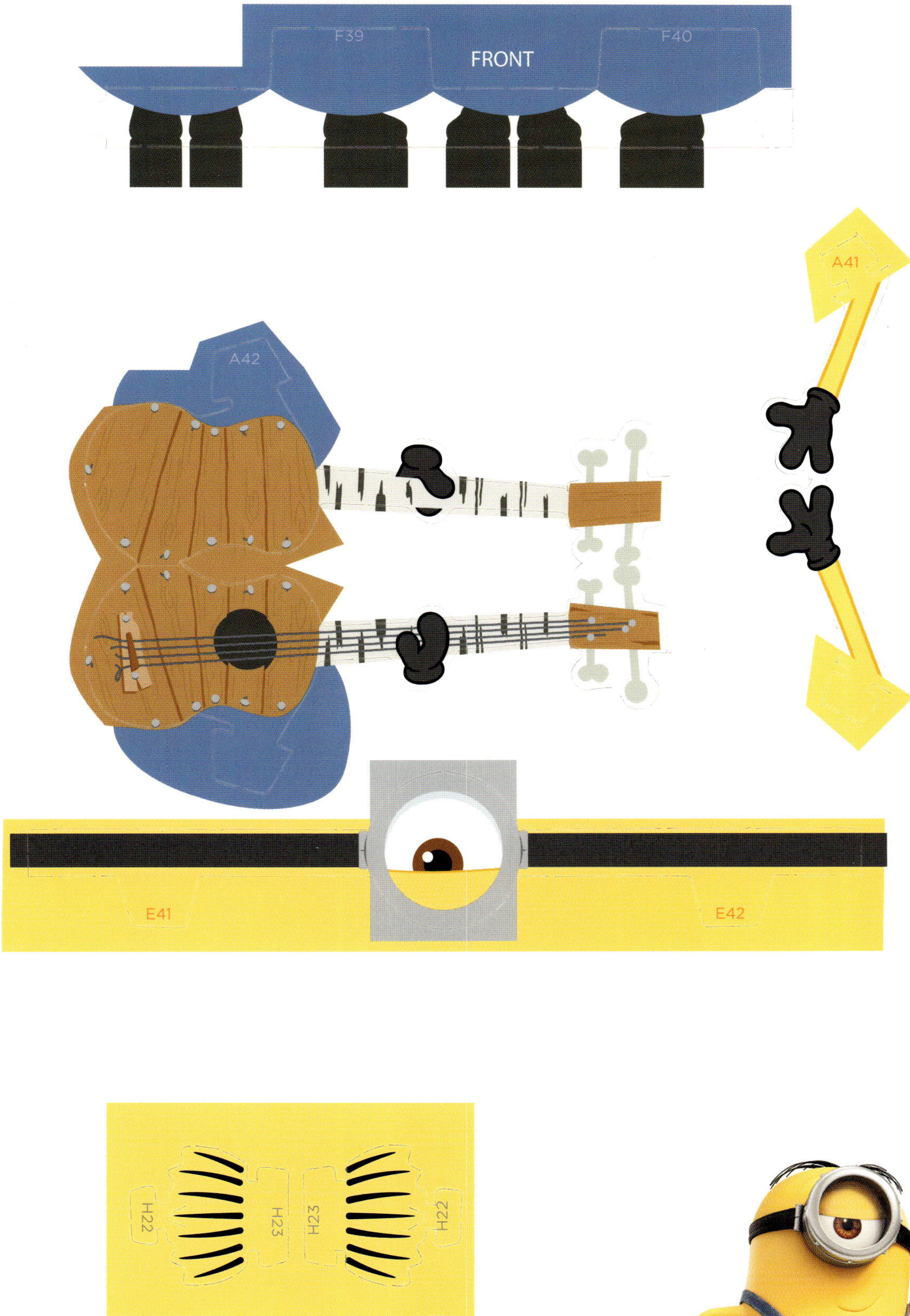

# MODÈLE KEVIN ET LE TECKEL

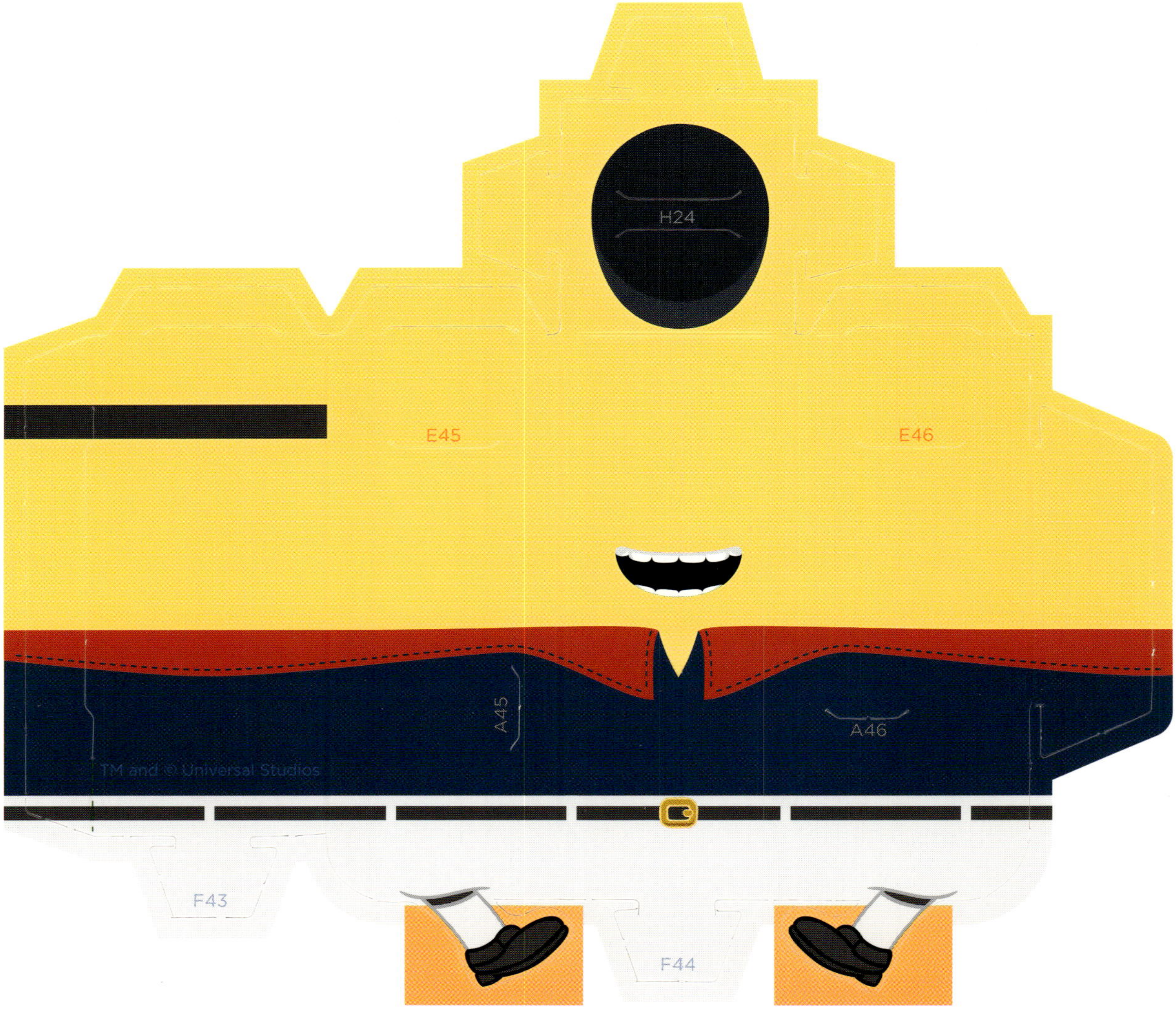


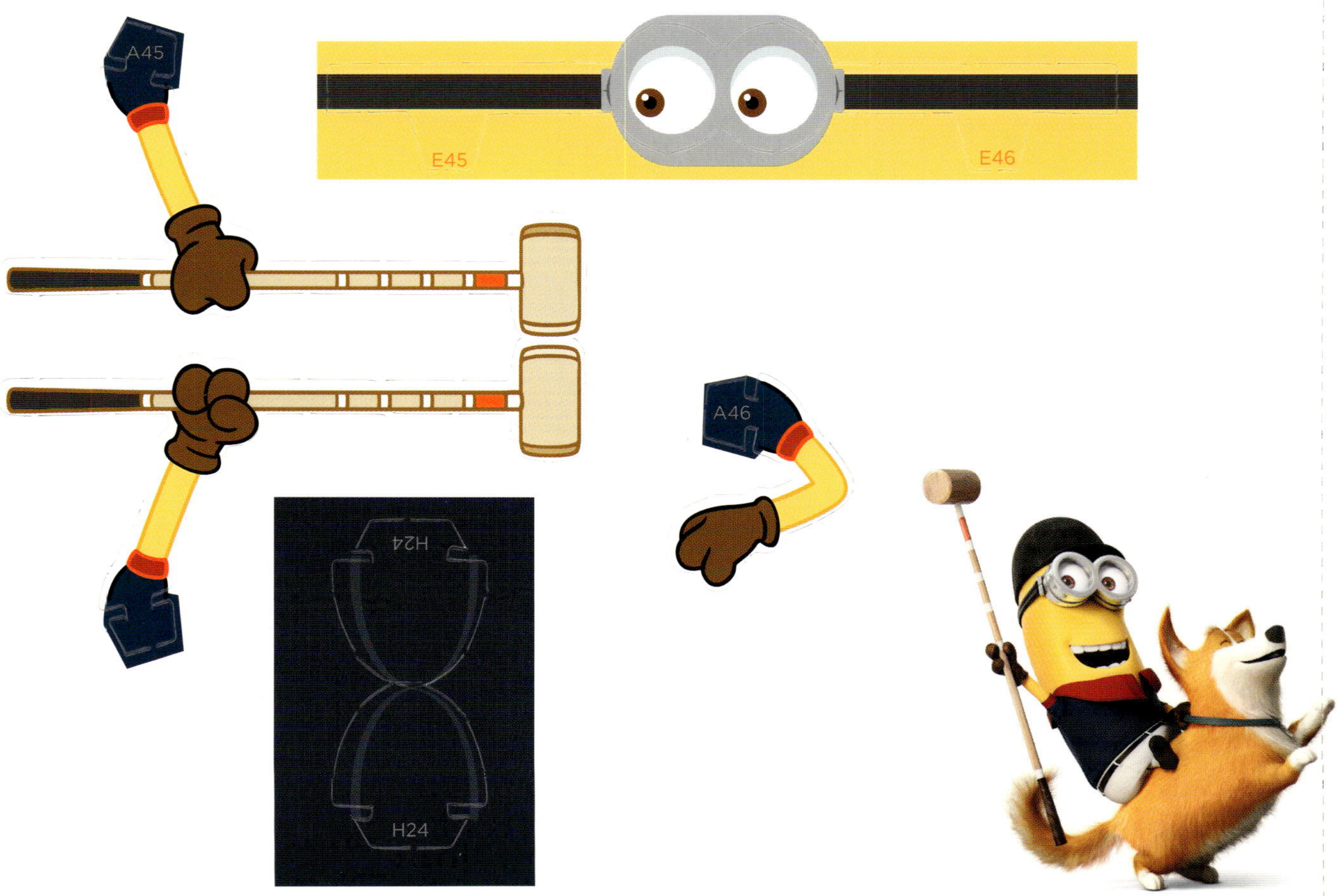

# MODÈLE KEVIN ET LE TECKEL

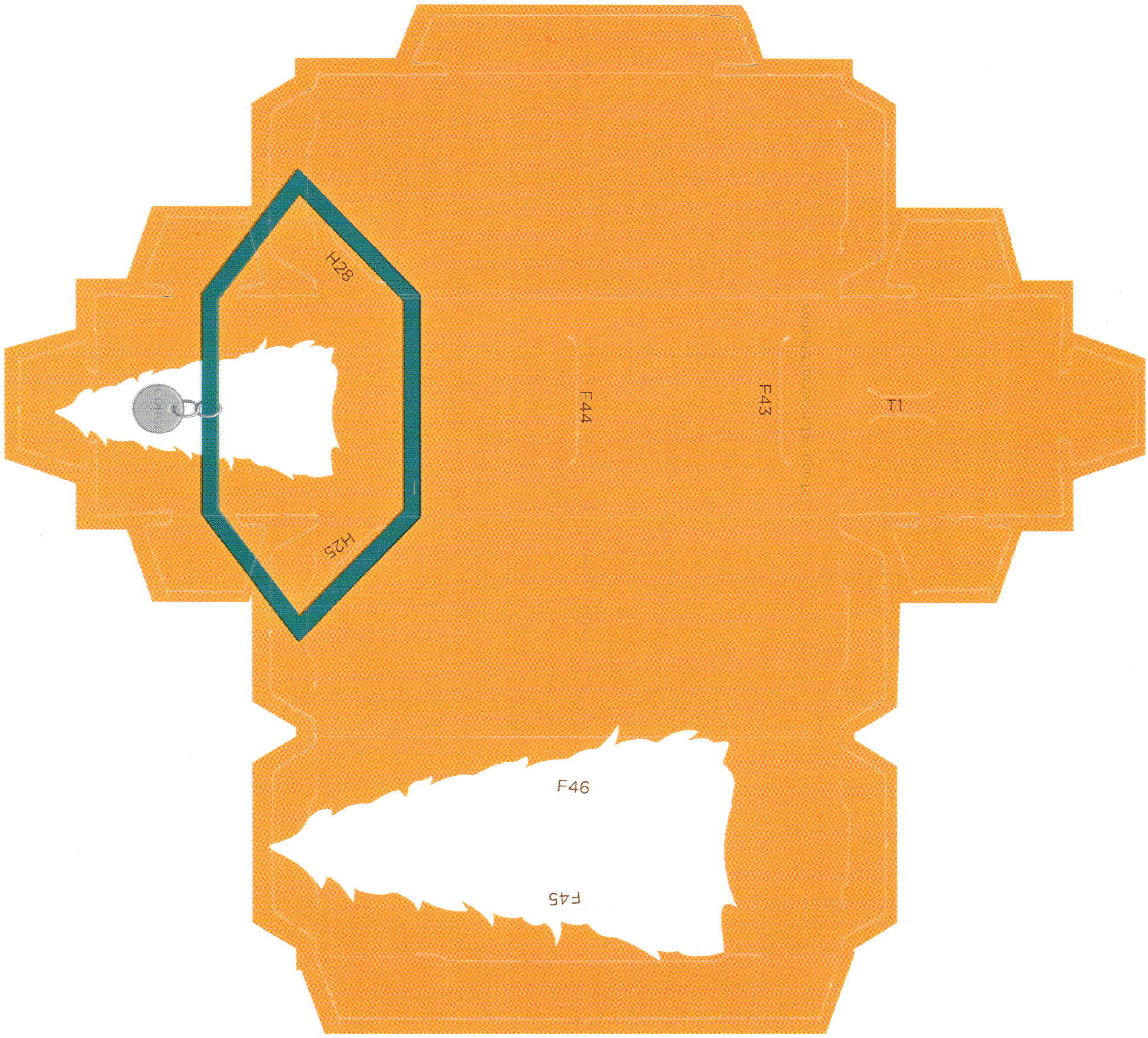


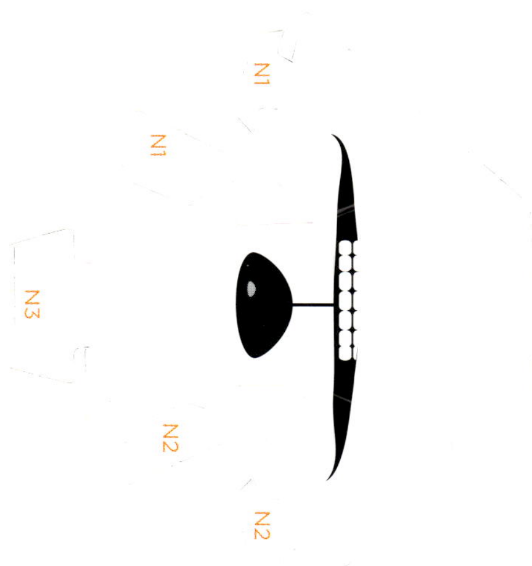

# MODÈLE KEVIN ET LE TECKEL

# MODÈLE DU ROI BOB

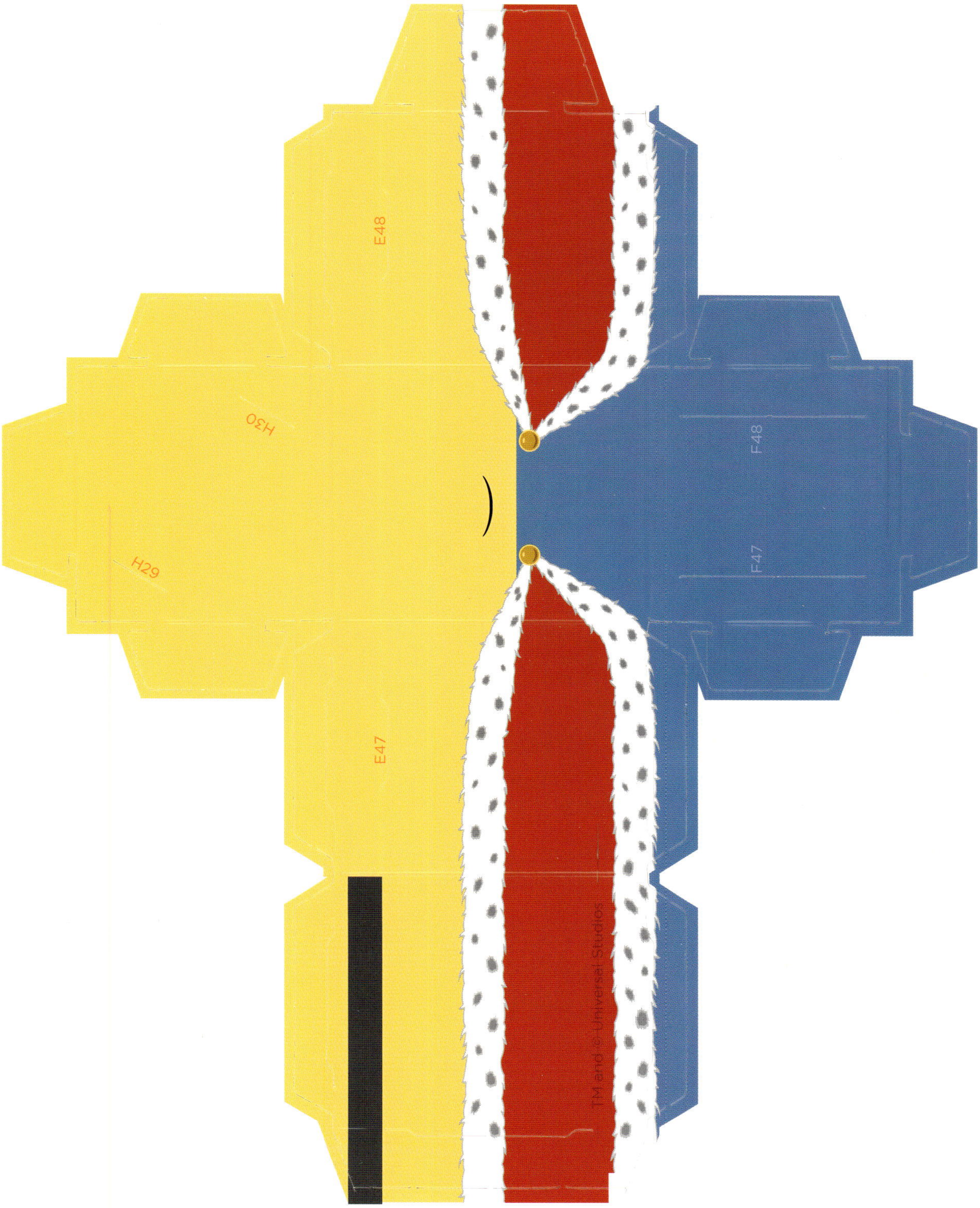


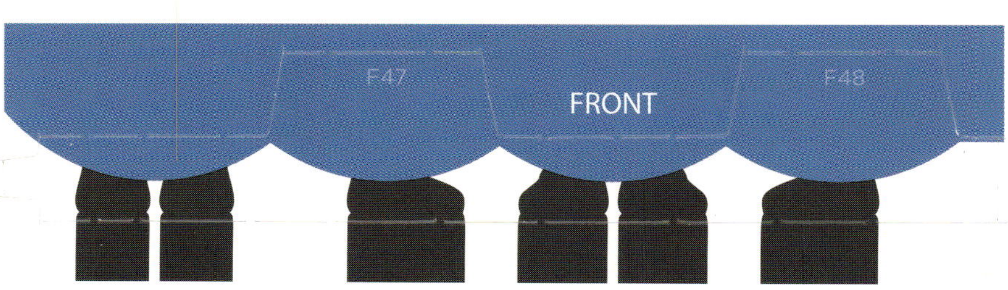

# MODÈLE DU ROI BOB

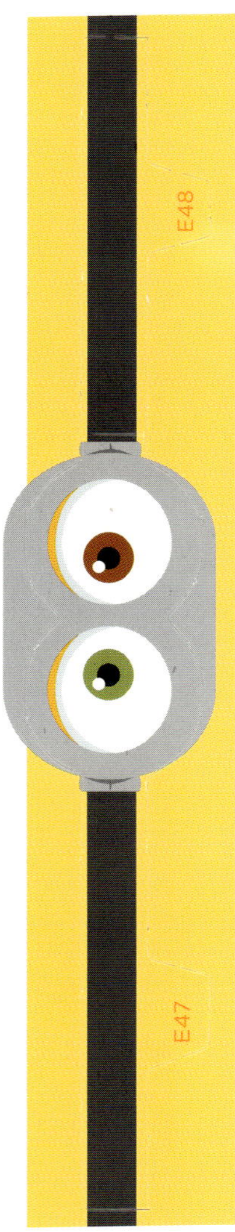